DAS HANDBUCH

für Zauberlehrlinge
und Hexenanfänger

Konzeption und redaktionelle Koordination
Balthazar Pagani

Lektorat der Originalausgabe
Caterina Grimaldi

Gestaltung
Sebastiano Girardi Studio

Satz und Schlussredaktion
PEPE *nymi*

Vivida

Vivida™ ist eine eingetragene Marke von White Star s.r.l.
www.vividabooks.com

© 2021 White Star s.r.l.
Piazzale Luigi Cadorna, 6
20123 Milano, Italien
www.whitestar.it

Producing der deutschen Ausgabe: SAW Communications,
Redaktionsbüro Dr. Sabine A. Werner, Klein-Winternheim
Übersetzung: SAW Communications: Martina Fischer
Lektorat: SAW Communications: Dr. Sabine A. Werner

ISBN 978-88-6312-497-2
1 2 3 4 5 6   25 24 23 22 21

Gedruckt in China

FRANCESCA MATTEONI

DAS HANDBUCH
für Zauberlehrlinge
und Hexenanfänger

ILLUSTRATIONEN VON ELISA MACELLARI

Vivida

EINLEITUNG
S. 6

DIE GESCHICHTE DER MAGIE
S. 9

SEHER, ORAKEL UND
WAHRSAGER IN DER
ANTIKE
S.11

DIE SEELE DER WELT
UND DIE GEHEIMNISSE
DER MAGIER
S.21

SCHEITERHAUFEN UND
DÄMONEN: DIE GROSSE
HEXENVERFOLGUNG
S.13

DEN MOND VOM HIMMEL
HOLEN: HEXEN UND
MAGIER VON HEUTE
S.25

HEILER, FEEN,
NÄCHTLICHE
BEGEGNUNGEN
S.17

HEXEN UND MAGIER
S. 31

HILFSMITTEL UND UTENSILIEN
S. 81

TIERE
S. 113

ÜBUNGEN UND ZAUBER
S. 145

BIBLIOGRAFIE UND BIOGRAFIEN
S. 158

EINLEITUNG

✳ ✳ ✳

Wie oft möchten wir im Leben unsere Träume gern *wie durch Zauberei* verwirklicht sehen, aus unangenehmen Situationen *wie durch Zauberei* befreit werden oder an irgendeinen Ort *wie durch Zauberei* reisen – ohne uns anzustrengen oder uns besonders zu engagieren. Doch was ist Magie wirklich? Wer kennt sie, und wer übt sie aus?

Die Geschichte der Völker aller Teile der Welt lehrt, dass es die Magie immer gab. Beim ersten Blick auf die Welt ist fast alles Magie: der Blitz, der den Baum in Flammen setzt, der Wind, der weht, heult, tobt, das gurgelnde, spiegelnde, strömende Gewässer, das Samenkorn, das den Boden aufbricht und zur Blume wird. Magisch sind die unsichtbaren Wesenheiten, die das Feuer, die Luft, das Wasser und die Erde beleben, magisch auch die Worte und die Gesten, mit denen wir uns an sie wenden.

Die Magie bekommt man keineswegs ohne eigenes Bemühen geschenkt, sie ist komplex, denn der Schleier des Scheins muss gelüftet, die Seele eines jeden Lebewesens berührt werden. Seit jeher diente Magie dazu, die geheimen Verbindungen der Dinge zu verstehen und ihre Sprache zu erlernen. Personen, die sie zu nutzen wussten, galten als mächtig und geachtet, böse und gefährlich, undurchschaubar und gerissen, poetisch und weise, verträumt oder kriegerisch. Diejenigen, für die die Erde heute magisch ist, hören hin, verdrängen kein Gefühl, ziehen den einfachen Weg nicht dem schwierigen vor, akzeptieren Schmerz, Kampf und Angst und setzen auf Freude und Hoffnung. Die Magie geht nicht in Distanz zur Realität – sie taucht in sie ein. Sie zeichnet einen Weg in der äußeren, aber auch in der inneren Realität vor. Beide stehen miteinander in Kontakt, die eine ist der Spiegel der anderen.

Dieses Buch ist für alle gedacht, die den Weg der Magie beschreiten wollen, ihre Geschichte erfahren und die Persönlichkeiten und Objekte kennen und natürlich anhand von Übungen und Ritualen einige Grundprinzipien dieser Kunst erlernen wollen. Es entstand, weil die Autorin dieser Zeilen überzeugt ist: Es braucht magische Handlungen, um verlorene Verbindungen unter den Menschen und Völkern, Pflanzen, Tieren, Mineralien auf diesem wunderschönen Planeten wiederherzustellen. Sie müssen beschützt werden wie ein Geschenk, sie sind *das* Geschenk schlechthin.

Der erste Teil dieses Buches ist ein Gang durch die Geschichte der Magie des Abendlandes von der Antike bis zur Renaissance der Hexenkunst in der Moderne. Wir werden Wahrsagern begegnen, Magiern, Hexen, Alchemisten. Wir halten inne bei Geistern und Omen, aber auch bei den Scheiterhaufen und den Galgen, die errichtet wurden, weil die Magie viele Jahrhunderte lang als eine fürchterliche Bestie angesehen wurde. Um diese loszuwerden, wurden Tausende Menschen verurteilt und getötet, unschuldige Opfer des politischen, religiösen und sozialen Systems jener Zeit.

Im zweiten Teil lernen wir Hexen- und Zaubererpersönlichkeiten kennen. Einige haben wirklich gelebt, andere sind Gestalten aus Mythologie und Literatur. Sie sagen uns die Zukunft voraus, heilen uns, zeigen uns die Musik der Planeten, wollen uns dazu bringen, einen Liebestrank zu trinken, erzählen uns von unsichtbaren Meistern, Göttinnen und Pflanzengeistern.

Im dritten Teil erwarten uns die Tiere, die Gefährten von Magiern und Hexen und zudem besondere Geschöpfe mit ihren eigenen magischen und sogar prophetischen Eigenschaften. Begegnen wir ihnen immer mit Respekt und Höflichkeit: Die Magie lehrt, dass auch die Distanz zuweilen ein Akt der Liebe ist.

Der vierte Teil stellt ein Instrumentarium für euer magisches Werk vor. Fast alles lässt sich leicht finden: Wie viele Autorinnen und Autoren unserer Zeit schreiben, reicht für die Magie der Himmel über uns, eine Wiese unter unseren Füßen oder das Meeresufer. Es genügt, sehr einfache Dinge, wie eine Muschel oder einen Lochstein, aufzusammeln oder aber eine Kerze zu modellieren.

Im fünften Teil schließlich könnt ihr einige Zauberformeln lesen und ausprobieren. Ihr ultimativer Zweck besteht darin, euch mit eurer Geschichte und dem Schicksal auszusöhnen, indem ihr versucht, die Dinge anzuschauen und anzunehmen, bevor ihr sie entweder verändert oder für immer ruhen lasst.

Es stimmt, die Magie fliegt bis zu den Sternen, aber sie besitzt die Langsamkeit der Bäume, die bewegungslos scheinen, während Wurzeln und Zweige die Erde darunter und den Himmelsraum darüber durchdringen. Die Bilder werden uns begleiten, sie ergänzen die Texte und sprechen direkt unsere Fantasie an.

Lest das Buch vom Anfang bis zum Ende oder schlagt es auf, wo ihr mögt: Es gibt keine festen Regeln für diese Lektüre. Erforscht mit Leichtigkeit und Tiefe. Möge es eure authentischste Magie sein, leichten Schrittes auf der Erde zu wandeln, das wünsche ich euch.

DIE GESCHICHTE DER MAGIE

Die Magie wohnt auf der Schwelle der Gesellschaft. Wer sich mit ihr einlässt, steht entweder am Rand oder ist eine geachtete Persönlichkeit. Die Magie verkörpert Ängste, Sehnsüchte und Geheimnisse. In diesem Kapitel wird die Geschichte der magischen Künste von den frühen Anfängen über das Mittelalter bis zur Neuzeit nachvollzogen. Wir folgen den Spuren der grossen Magier-Philosophen, aber auch der zum Scheiterhaufen verurteilten Hexen bis in die jüngste Zeit, in der die Magie zu einem Schatz der Weisheit und einer individuellen Praktik des Heilens geworden ist.

SEHER, ORAKEL UND WAHRSAGER
IN DER ANTIKE

∧∨∧∨∧

Magie wird traditionell angewandt, um die Natur zu ergründen und zu beinflussen und um Kontakt zu den Geistern und dem Unsichtbaren aufzunehmen. Bei den alten Ägyptern treffen wir auf *Heka*, die Kraft, die den Kosmos beseelt und beherrscht. Sie wird von göttlichen Wesen und normalen Menschen genutzt. Ihnen konnte sie übertragen werden, denn es war eine Zeit, in der die Grenzen zwischen dem Göttlichen und dem Menschlichen fließend waren und beide in ständigem Dialog standen. Im mesopotamischen Raum finden wir die ersten Spuren von Hexen – beziehungsweise von Individuen, die mithilfe von Dämonen bösartig agierten, die den Menschen feindlich gesinnt waren und stets bereit, sie anzugreifen. In den Praktiken der Magie gilt im Allgemeinen: Kennt man die Namen der Dämonen, so kann man sie auch befehligen.

Amulette und Rituale wurden gegen Verwünschungen von Hexen angewandt. Dem Wort »Magie« begegnen wir in Griechenland. Dort war der Magier der Priester der zoroastrischen Kulte aus dem nahen Persien: ein Verwalter des Heiligen, ein Traumdeuter. Erinnern wir uns, dass es drei Magier waren, die dem Jesuskind der Christen Geschenke brachten und dafür einem Kometen durch die Wüsten folgten.

Magier deuteten Zeichen und Wunder, sie waren die Weisen, die zukünftige Geschehnisse vorhersehen konnten. Das war bei bekannten weiblichen Orakeln der Fall: Pythia weissagte, während sie in den Dämpfen einer Quelle unter dem Tempel von Delphi saß. Sibylle von Cumae schrieb in einer Höhle bei Neapel Prophezeiungen auf Blätter. Diese Botschaften waren hintergründig, denn sie waren Übersetzungen aus der Sprache der Götter – ein poetisches und symbolisches Alphabet. Die Poesie ist in der Tat eine andere Form der Magie, wie der thrakische Sänger Orpheus zeigte. Er heilte mit dem Klang der Harfe und der Stimme. Sein gescheiterter Versuch, seine Frau Eurydike aus der Unterwelt zurückzuholen, bildet den Gründungsmythos für die

Mysterien der Orphiker. Die eingeweihten Orphiker strebten eine Erlösung im Jenseits an, die ihnen nach dem Tod die Rückkehr ins Leben ermöglichen würde.

Die Magier konnten als Priester des Göttlichen angenommen werden, aber auch Aspekte besitzen, die den Religionen und offiziellen Kulten sehr ungelegen waren, was auf Geisterbeschwörer, Hellseher, Kräuterkundige und alle diejenigen, welche die Toten befragten oder die Geheimnisse der Natur kannten und sie schützten, zutraf. In der hebräischen Bibel finden wir neben den Visionen der Propheten das Verbot, zu Hexen und Geisterbeschwörern zu gehen: »Wendet euch nicht an Totenbeschwörer und Wahrsager, sucht nicht ihren Rat, damit ihr nicht von ihnen verseucht werdet. Ich bin der Herr, euer Gott«, heißt es im Buch »Levitikus«. Von Gott kommen die Wunder, von den Hexen die Täuschungen. Im Jahr 13 v. Chr. ließ Kaiser Augustus in Rom zweitausend Manuskripte über Magie verbrennen. Die römischen Philosophen definierten Magie als die betrügerischste aller Künste und den Magier als subversiven Menschen, der die okkulten Mächte der Natur für seine Zwecke missbrauchte.

Dennoch suchten die Menschen weiterhin nach Wegen magischen Handelns, um den bösen Blick abzuwenden, den geliebten Menschen zu bezaubern, sich vor Krankheit zu schützen und sogar, um andere zu verfluchen. Figuren, Tafeln, Amulette sind greifbare Zeugnisse davon. Im Mittelmeerraum überdauert seit der ganzen Antike vom 5. Jahrhundert v. Chr. an die Tradition der Hexen von Thessalien. Die Künste dieser Expertinnen für Zaubertränke galten als so machtvoll, dass man sagte, sie könnten den Mond nach Belieben vom Himmel holen. Herausragend ist Erichtho (literarisch gestaltet vom römischen Dichters Lucan, der im neunten Gesang von Dantes »Göttlicher Kommödie« wieder erscheint), die als Geisterbeschwörerin in einem Grab lebte. Diese Hexen scheinen etwas Besonderes zu besitzen und sind Beispiele für die große Verwirrung zwischen göttlich, magisch, natürlich und übernatürlich, die in der Kultur dieser Epoche herrschte.

Oft wurden die räuberischen und geheimnisvollen Hexen mit der Familie der Eulen assoziiert. In den Überzeugungen des Nahen Ostens begegnet man geflügelten weiblichen Dämonen, wie der Lilith aus Mesopotamien. In Griechenland gab es Lamia, das schlangenhafte Gespenst einer früh verstorbenen Frau, die Kinder und junge Männer heimsuchte. In ihrer Nachfolge steht die römische Strix, die das Aussehen eines nachts umherziehenden Raubvogels annahm und sich von Kinderblut und -leichen ernährte.

»Strigae«, so nannte man die dämonischen Hexen bis ins Mittelalter. Sie konnten fliegen, suchten nachts die Häuser heim, saugten Blut und raubten Kinder. Unter den germanischen Völkern wurden diese Gestalten – angeregt von den prophetischen Überzeugungen, die man mit den weiblichen Hausvorständen verband – immer mehr vermenschlicht. Der Historiker Tacitus sagt uns, dass in den Augen der Germanen den Frauen etwas Heiliges innewohnte, und deswegen waren ihre Ratschläge hochgeschätzt. Zwischen dem Heiligen und dem Dämonischen liegt nur ein Flügelschlag in der Nacht, ein Schrei, der die strahlende Vision in einen Albtraum verwandelt.

SCHEITERHAUFEN UND DÄMONEN: DIE GROSSE HEXENVERFOLGUNG

∧ ∨ ∧ ∨ ∧

Wenn wir an eine Hexe denken, stellen wir uns eine alte Frau in Begleitung eines kleinen Tieres vor. Sie bereitet Mixturen zu, streift über die Friedhöfe und kann fliegen. Zu diesem Bild gesellt sich jedoch ein anderes, das ein paar Jahrhunderte alt ist: dieselbe Person, auf dem Scheiterhaufen gefesselt und verbrannt.

Das weibliche Stereotyp der Hexe als böse Amme, die zerstört, wo die gute Mutter beschützt, ist untrennbar mit der großen Verfolgung verbunden, bei der zwischen dem 15. und dem 18. Jahrhundert in Europa und den amerikanischen Kolonien Tausende zum Tode verurteilt wurden. Zwar waren es mehrheitlich Frauen, aber nicht nur: Wer auch immer Schadenzauber praktizierte, konnte verurteilt werden, und in einigen Ländern, wie zum Beispiel in der Normandie und in Estland, gab es mehr verfolgte Männer als Frauen.

Wie wir gesehen haben, ist der Glaube an die Hexerei uralt. Es muss noch ergänzt werden, dass es Hexen auf der ganzen Welt gab und ihnen im Allgemeinen folgende Merkmale zugeschrieben wurden:

* Sie verwenden übernatürliche Mittel, um den Mitgliedern ihrer Gemeinschaft zu schaden.
* Sie stehen am Rande der Gesellschaft, handeln im Geheimen und sind angetrieben von der ihnen ureigenen Bösartigkeit.
* Sie agieren innerhalb einer Tradition, das heißt, die Hexerei wird überliefert und sieht eine bestimmte Art der Lehre vor.
* Man kann sich ihnen mit Gegenzauber widersetzen, ihre Identität offenlegen und sie zwingen, ihre Macht zum Heilen zu nutzen. Man kann sie auch körperlich zerstören.

In einem bestimmten Moment in der Geschichte des Abendlandes wurden die Hexen in Europa und danach auch im amerikanischen New England offiziell seitens der Institutionen zu Feinden der Öffentlichkeit erklärt, die man mit allen verfügbaren Mitteln zu verfolgen und auszurotten hatte. Dies geschah, wenn zu den oben genannten Merkmalen ein religiöses Element hinzukam. Von dem Moment an betrachtete man die Hexen nicht nur als diejenigen, die Böses tun, sondern man ging davon aus, dass sie es tun, weil sie mit Satan höchstpersönlich im Bunde sind, ihm dienen und ihm in seinem Kampf für die Zerstörung der christlichen Gesellschaft zur Seite stehen.

In der Bibel wurden Warnungen vor der Hexerei wiederentdeckt und als Rechtfertigung der gesellschaftlichen Verfolgung genutzt. Am berühmtesten dafür ist ein Vers aus dem Buch »Exodus«. Er lautet: »Eine Hexe sollst du nicht am Leben lassen.«

Diesen Worten und dem Drängen des deutschen Inquisitors Heinrich Kramer gehorchend, verkündete Papst Innozenz VIII. im Jahr 1484 ein grausames Dokument: die Bulle »*Summis desiderantes affectibus*«. Es stellt das ketzerische Wesen der Hexen unter Strafe, und somit gab der Papst den Befehl, sie zu töten. Wenige Jahre danach veröffentlichte Kramer den durch und durch frauenfeindlichen Text »*Malleus maleficarum*«, in dem es heißt, Frauen seien anfälliger für den Einfluss des Teufels, da sie schwach, minderwertig und sündhaft seien. Aufgrund der in Europa ausgebrochenen religiösen Konflikte zwischen Katholiken und Protestanten nahm die Hexenverfolgung zu und verschärfte sich. In Ländern, wie Deutschland, Frankreich und der Schweiz, wütete sie am schlimmsten.

In den dämonologischen Theorien der Zeit hieß es, Hexen verursachten Plagen, Schiffsunglücke und Naturkatastrophen. Sie kämen in den Nächten an entlegenen und verzauberten Orten zum Hexensabbat zusammen, zum Beispiel an einem Nussbaum im italienischen Benevento oder auf der geheimnisvollen Insel Blåkulla in Schweden, wohin man nur durch magisches Fliegen gelangen konnte. Bei diesen Zusammenkünften kopulierten sie mit Dämonen und äßen Menschenfleisch. Außerdem bereiteten sie Teufelssalben und -tinkturen zu und schlössen einen Pakt mit dem Teufel, indem sie ihm ihre Seele versprächen. Von diesem Pakt bliebe ihnen ein körperliches Zeichen zurück, ein nicht näher identifiziertes Mal, das irgendeine Anomalie sein könne, ein Leberfleck oder eine Narbe. Man glaubte, es sei schmerzunempfindlich und blute nicht, wenn man hineinsteche. Dies wurde neben anderen Foltermethoden angewendet, um Hexen zu entlarven und ein Geständnis aus ihnen herauszupressen. Nach der englischen Kasuistik war es der Gefährte der Hexe, der ein solches Mal hinterließ. Diesen dämonischen Geist in Gestalt eines Tieres nährte die Hexe mit ihrem Blut oder mit gewöhnlichen Substanzen, wie Milch, Brot oder Bier.

Weiter verbreitet ist die Vorstellung, Hexen könnten sich nach Belieben in Tiere verwandeln – Hasen, Raben, Katzen –, um unerkannt umherziehen und böse Taten begehen zu können, zum Beispiel Pferdemähnen verknoten, Milch stehlen oder Kindern den Atem aussaugen. Auch der Teufel wies Tiermerkmale – Hufe und Ziegenhörner – auf und erinnerte in seinem Aussehen somit stark an den Satyr des griechischen Gottes Pan. In die Vorstellung davon, was Hexen seien, flossen Gestalten aus der heidnischen Welt mit ein. Sie wurden zu etwas Schlechtem verunstaltet, das unaufhörlich die Seele des Menschen bedrohte, die doch laut offiziellem religiösem Glaubensbekenntnis mit dem Opferblut Jesu gewaschen und rein geworden war.

Tatsächlich waren unter den Anschuldigungen keine gesellschaftlich schwerwiegenden oder umstürzlerischen Taten, man gab den Hexen eher die Schuld, wenn das Vieh oder die jüngsten unter den

Menschen erkrankten: Gab eine Kuh keine Milch, war ein Zauber der Grund, gedieh ein Kind nicht gut, führte man es darauf zurück, dass eine Person in seiner Nähe es mit dem bösen Blick bedacht habe.

Einige traditionelle Geschichten bilden Ausnahmen, zum Beispiel die Geschichte der *Tempestarii*, der Magier und Hexen des Meeres, die Stürme entfesseln und bändigen konnten. In Finnland verkauften die Magier den Seeleuten Winde in Knoten, deren Kräfte durch Auf- und Zuknoten beherrscht werden konnten, und auf den Inseln um Sizilien kannte man Formeln, um die Wirbelstürme über dem Wasser zu zerteilen.

Eines jedoch ist völlig real: Über zwei Jahrhunderte lang wurden viele Unschuldige verurteilt. Es herrschte ein Klima der Angst, und das führte bisweilen dazu, dass die vermeintlichen Hexen selbst zum Inquisitor gingen und sich auf diabolische Anzeichen hin prüfen ließen. Aber galten in solch unglückseligen Zeiten wirklich alle Hexen als Instrumente des Satans?

HEILER, FEEN, NÄCHTLICHE BEGEGNUNGEN

∧ ∨ ∧ ∨ ∧

»Wer heilen kann, kann auch zerstören« und umgekehrt, so lautet eine römische Maxime. Auch wenn das Thema »Teufel« überall grassierte und alles durchdrang — und leider sind es die Prozessunterlagen, die uns auch diesen Teil der Geschichte liefern —, wurden die Hexen nicht immer und auch nicht allesamt gefürchtet und verjagt.

Die Grenze zwischen Magie und Heilung ist hauchdünn, und die weisen Männer und Frauen — wie wir Hexen und Hexer nennen können, wenn wir ihnen wohlgesonnen sind — zog man aus den verschiedensten Gründen zurate. Sie sollten pflanzliche Heilmittel verabreichen, verlorenes oder gestohlenes Gut wiederfinden, Liebestränke brauen, Wahrsagen, Amulette anfertigen, und man brauchte sie für

Gegenzauber zum Lösen von Verhexungen und um bösartige Hexen zu entwaffnen. Rufina dello Sbardellato aus Pitigliano, die später als bösartig angeklagt wurde, nannten die Menschen im Dorf auch »heilige Rufina«, weil sie Heilkräuter und -rezepte kannte. In England bezeichnete man diejenigen, die magische Berufe in guter Absicht ausübten, als *Cunning Folk*, also »schlaue Leute«; dort waren es mehrheitlich Männer. Sie besaßen ein Repertoire an Rezepten und geschriebenen Zauberformeln, in denen recht häufig die Namen Jesus, Mutter Gottes oder Sankt Petrus auftauchten. Einige, wie zum Beispiel John Walsh, erklärten, die Magie aus einem mächtigen Buch erlernt zu haben … und wir können vermuten, dass dies die Bibel war, denn das Heilige und das Magische waren im Bewusstsein der Bevölkerung untrennbar. Man konnte sie alles Mögliche fragen oder um alles Mögliche bitten, von lebenswichtigen Dingen bis zu blankem Unsinn, von magischen Heilbehandlungen der Krankheiten von Angehörigen bis zu einer Tinktur gegen den Verschleiß der Kleider – eine wichtige Sache in einer Zeit, in der die Schränke sicherlich nicht aus den Nähten platzten.

Die Behandlungen der Hexen standen im Einklang mit dem medizinischen Wissen der Zeit. Es herrschte die Vorstellung von einem flüssigen Körper, dessen Gesundheit davon abhing, dass Blut und Körpersäfte gut flossen, weil diese die körperliche und die spirituelle Gesundheit bestimmten, und entsprechend verschrieb man Kompressen und abführende Sude. In den magischen Kuren fanden sich auch für moderne Leserinnen und Leser unübliche und außergewöhnliche Elemente. Liebestränke zum Beispiel – in katholischen Gebieten gebräuchlich – enthielten tierische und menschliche Zutaten, die Begehren oder Impotenz hervorrufen sollten: Menstruationsblut, Eselshirn, Sperma und Haare. Einige spanische Rezepte verlangten Knochen von Katzen und Menschenkadavern. In englischen Dörfern konnte man auf die »Flasche der Hexe« zurückgreifen, um sich von einem Bann zu befreien: eine Flasche mit Urin, Haaren und Fingernagelstückchen des vermeintlichen Opfers mit Nadeln, Eisen- oder Holzsplittern und Dornen. Die Flasche wurde versiegelt und zumeist über dem Feuer erhitzt oder vergraben. Wenn das geschah, erschien die Hexe an der Tür des Opfers oder fiel krank zu Boden. Wie ist das zu erklären? In der Flasche waren ein paar Körperfasern und Körperflüssigkeit des

Opfers, das magisch attackiert wurde, und ebenfalls die Vitalstoffe der Hexe selbst. Im Zauberbann wurden die Seelen und die Körper von Hexe und Opfer vereint. Dann übernahm das Opfer die Kontrolle. Was dann geschah, kehrte den Prozess der Füllung der Flasche um: Der Wille des Opfers verbrannte, durchlöcherte, erstickte die Hexe und bescherte ihr unerträgliche Schmerzen.

Einige Geständnisse erzählen also eine andere Geschichte, nicht die vom Pakt mit dem Teufel. Sie lassen auf ein Universum schließen, das unabhängig von Glaubensüberzeugungen und Traditionen ist und das unter der Asche der christlichen Scheiterhaufen weiterlebte. In Schottland und auf Sizilien – damals unter spanischer Herrschaft – dachte man beispielsweise, dass die Hexen von den Feen Rat und Macht erhielten, die in den Hügeln und den Weiten der Landschaft lebten. Die sizilianischen Donne di fora begaben sich »im Geiste« zu nächtlichen Treffen und erhielten dort Unterricht von den Feen. Auch in Schottland konnten die Feen sich den Hexen offenbaren und drückten ihnen zuweilen ihr Zeichen auf: eine Narbe auf der Stirn oder Bissspuren und Kratzer. Das Wesen der Feen war undefinierbar. Es wurde beeinflusst durch die Geister der Toten, durch in der Landschaft verstreute Relikte primitiver Stämme und der Ahnen und durch christliche Theorien über gefallene Engel. In Irland hielt man keine Hexenprozesse ab, weil man die Feen – nicht menschliche und damit gerichtlich verfolgbare Wesenheiten – für das wechselnde Geschick von Personen und deren Besitz verantwortlich machte.

Am komplexesten jedoch ist mit Sicherheit der Fall der Benandanti aus dem Friaul des 16. und 17. Jahrhunderts. Es handelt sich dabei um Frauen und Männer, die »gute Wanderer« waren oder besser gesagt, die die Kunst des magischen Heilens kannten und nachts »im Geiste« gegen schädigende Hexen und Hexer in den Kampf zogen, um über die Gesundheit der Lebenden und die Ernte zu wachen. Wenn die Inquisition ihnen den Prozess machte, verteidigten sie sich entschlossen. Sie bekannten sich zu Gott und gaben an, in seinem Namen zu handeln und von seinen Gesandten, den Engeln, aufgesucht und in den Krieg geschickt worden zu sein. In ihren faszinierenden Erzählungen vermischen sich ländliche Kulte und katholische Magie mit der Fähigkeit der Seele, nachts im Traum zu wandern und den Körper zurückzulassen. Ist das nur Fantasie und Einbildung? Dieses Knäuel unterschiedlicher Einflüsse ist schwer zu entwirren. In der Vorstellung der Benandanti scheint es jedoch einen physischen Kosmos zu geben, der vom Geist durchdrungen ist – religiös, magisch und rätselhaft –, in den man sich retten und in dem man sich verlieren kann.

DIE SEELE DER WELT UND DIE GEHEIMNISSE DER MAGIER

∧ ∨ ∧ ∨ ∧

Kulte, Rituale und Schrecknisse der Völker besaßen einen Gegenpart im gebildeten Gedankengut der Renaissance: Neben den Hexen und den Heilerinnen gab es eine höhere Magie, die direkt mit der Ordnung der Schöpfung im Dialog stand. Die Kategorie der Magier berührte die der Philosophen, Mediziner und sogar der Priester und Theologen.

In einer Art Schmelztiegel der Traditionen und Einflüsse bildete sich die Mentalität jener Zeit und ließ die Vorstellung von einer Energie entstehen, die wir als die Liebe verstehen können, welche die Schöpfung durchdringt. Erinnern wir uns, dass zu Beginn des 14. Jahrhunderts Dante Alighieri, der größte Dichter seiner Epoche, die Liebe als das erkannte, was unsere sterbliche Natur transzendiert und auf das Göttliche ausrichtet. Gott ist in der Schlusssequenz der »Göttlichen Kommödie« »... die Liebe, die die Sonne und die anderen Sterne bewegt«. Dieses wundervolle Bild sagt viel über die philosophische Wissenschaft aus, in die der Dichter eingetaucht war: Es gibt einen Geist, der alle Lebewesen miteinander verbindet und sie belebt, der Sterne und Planeten in Bewegung setzt. Hier klingen das Prinzip des christlichen Mitgefühls und des kabbalistischen Lebensbaums an, wobei die Lebenskraft von den himmlischen Sphären bis zur Erde strahlt. Die Reise kann jedoch auch in entgegengesetzter Richtung verlaufen – entsprechend dem Neuplatonismus aus den »Enneaden« des Plotin. Dann wirken das an die göttlichen Präsenzen gerichtete

Gebet und die Magie zusammen und einen das Universum. Das war die Seele der Welt. Mit einem klar humanistischen Ansatz kann man sagen, dass das Universum wie ein großer Körper war, in dem seelische, körperliche und intellektuelle Aspekte zusammenwirkten. Man konnte jedoch auch im Menschlichen das universale Werk erkennen. Diese Lesart findet ihre Entsprechung in der Astrologie, derzufolge die Himmelskörper einen direkten Einfluss auf das irdische Leben und die körperlichen und charakterlichen Dispositionen ihrer Bewohner hatten. Die Astrologie als Wissenschaft entsprang der griechischen Philosophie und geht insbesondere auf Aristoteles zurück. Nach dessen Lehre vollzog sich der göttliche Plan auf der Erde dank der Vermittlung von Sternen und Planeten, die aus einem fünften Element, dem Äther, bestanden. Es gibt also das spirituelle Leben und seine Leben spendende Quintessenz.

Die Naturmagie – von Intellektuellen der Renaissance, wie Marsilio Ficino und Pico della Mirandola, verteidigt – war das Erkenntnisinstrument, mit dem man die unsichtbaren Bande zwischen Mikrokosmos und Makrokosmos untersuchte. Wie im Menschen die Seele den Geist mit dem Körper vereinte, so vereinte die Seele der Welt die physische Materie mit dem göttlichen Prinzip. Durch die Naturmagie wirkte die Innenschau, die den Geist der Dinge über ihre Vergänglichkeit hinaus wertschätzt. Die Naturmagie brachte also Astrologie und Medizin zusammen, damit sie für die Heilung der Menschheit eingesetzt werden konnte, und der Magier war ihr Hüter.

Als heilige Wissenschaft und fern von den Flammen der Scheiterhaufen konnte die Magie so den irdischen Weg erleuchten, und die heilige Wissenschaft schlechthin war die Alchemie. Bekanntermaßen waren die Alchemisten Experten für Metalle und Medizin. Sie arbeiteten – und arbeiten – im Geheimen am Großen Werk, das heißt, sie suchen nach dem Stein der Weisen, der die Materie heilen und zur Reinheit des Goldes läutern kann. Die Alchemie breitete sich von China nach Indien und bis ins Mittelmeerbecken aus. Sie hat ihre Wurzeln im Streben des Menschen nach Unsterblichkeit. Eine der ältesten Geschichten der Welt, die uns in Fragmenten überliefert ist, hat dies zum Thema: das sumerisch-babylonische Epos über Gilgamesch, der in der Unterwelt nach der ewigen Jugend suchte.

Wie das Gold hat die Unsterblichkeit für die Alchemisten eine tiefe mystische Bedeutung. Die Suche nach ihr erfordert Selbstaufgabe, Studium, Glauben. Der Alchemist Bruder Roger Bacon schrieb im XIII. Jahrhundert: »Die Alchemie ist eine Wissenschaft, die lehrt, wie man jegliches Metall in ein anderes umwandeln kann«, und damit ist sie die Vorläuferin der modernen Chemie. Der Schlüssel zu dieser Verwandlung war die Vorstellung, dass in allen Substanzen derselbe Geist oder dieselbe Energie zu finden ist, ein Elixier, das in der Alchemie so wichtig war wie der Stein. Dieses Elixier oder Wasser des Lebens – »Ambrosia« in der griechisch-römischen Welt, »Amrita« im alten Indien – mischte sich in der christlichen Mythologie des Mittelalters mit der Legende vom Heiligen Gral. Wer aus diesem geheimnisvollen Kelch trank, strotzte nur so vor Lebenskraft. Jesus hatte beim letzten Abendmahl aus dem Gral getrunken, und im Gral fing Josef von Arimathia später das Blut Jesu auf.

Die Alchemie interpretierte das Dasein als eine Art transformativen Verdauungsprozess der Materie – Verwesung und Wiedergeburt. Das Unsterbliche verstehen, hieß, die nackte Wahrheit zu erkennen. Die einzelne Seele wurde wieder mit der universellen Seele vereint. Dieses momentane Aufscheinen aller Farben im Destillierkolben, ein Phänomen, das die Alchemisten *Cauda Pavonis*«, »Pfauenschweif«, nannten, geht der Destillation des Lebenselixiers oder der Gewinnung des Steins der Weisen voraus. Für den Alchemisten war Gott überall. Er war sogar der in der dunklen Erde begrabene spirituelle Samen, die Spur der Seele in der Materie.

Auch diese Form von Magie blieb nicht frei von Verdächtigungen und Betrugsvorwürfen, und natürlich waren auch nicht alle Magier ehrlich: Einige versuchten, aus ihrem Wissen Gewinn zu ziehen – nicht anders als heute.

∧∨∧∨∧

DEN MOND VOM HIMMEL HOLEN: HEXEN UND MAGIER VON HEUTE

∧∨∧∨∧

Sowohl die höhere Magie als auch die Hexerei waren Künste, mit denen man in die Dunkelheit blickte: Bei der ersten durch Weisheit, bei der zweiten intuitiv. In der einen war die Hoffnung am Werk, in der anderen – zumindest auf der gesellschaftlichen Ebene – die Angst. Eine war gebildet, intellektuell, die andere wild, unberechenbar. Was mochte aus ihrem Zusammenspiel hervorgehen?

Im 19. Jahrhundert bildete sich allmählich eine Antwort heraus, als das Interesse für das Okkulte – das im Grunde nie erloschen war – neu aufflammte. Die Initiationsgesellschaften hatten weit über die Hexenverfolgung hinaus überlebt, und auch Wahrsagerei und Heilkunst waren nicht ausgestorben, obwohl der Beruf des Heilers zwischenzeitlich verboten gewesen war. Im London des 18. Jahrhunderts entstand offiziell die Freimaurerei, die geheimste dieser Gesellschaften. Ihr Fundament sind die brüderlichen Bindungen der Mitglieder, die an einer besseren Zukunft bauen. Ihren Namen und ihre Symbole haben sie von der Maurerzunft des Mittelalters entlehnt. Wie die Alchemisten streben die Freimaurer ein großes Werk an, dessen oberster Architekt Gott ist.

Im Jahr 1875, über 100 Jahre später, wurde in New York die Theosophische Gesellschaft des Mediums Helena Blavatsky gegründet. Die Gesellschaft basierte auf den Prinzipien der universellen Brüderlichkeit und betrieb vergleichende Studien zwischen den Religionen und der Erforschung der Natur, um sich der Botschaft okkulter Meister und geistiger Wesenheiten anzunähern.

Im Kielwasser dieses esoterischen Wegs – den wenige beschritten, nicht, weil sie diskriminiert worden wären, sondern weil der Weg schwierig war und es keine Erfolgsgarantie gab – riefen wiederum in England einige Freimaurer die Geheimgesellschaft *Order oft the Golden Dawn* (Orden der goldenen Dämmerung) ins Leben. Ihm geht es um den individuellen Weg bei der Suche nach dem wahren Wissen. Den

Weg der Offenbarung in der Theosophischen Gesellschaft ersetzte der *Order oft the Golden Dawn* durch das Streben des Einzelnen und bereitete damit vielen zukünftigen Hexen und Magiern der heutigen Zeit den Boden. Der irische Dichter William Butler Yeats trat diesem Orden bei und vereinte die Magie mit den keltischen Traditionen seines Landes. So erschuf er ein Werk, das eine reiche Bildersprache besitzt und mit seinen Landschaften und Symbolen die Menschen berührt. Berühmte Beispiele sind ein verlassener Turm, der für Instabilität steht, der Mond, der das Schicksal repräsentiert, und eine Wendeltreppe, welche die spiralförmige Bewegung des Lebens verdeutlicht. Zudem ist es der authentischste Sinn der Magie, nicht das Unmögliche hervorzubringen, sondern die Dinge tiefer zu durchdringen, auch und vor allem diejenigen, die uns verloren zu sein scheinen.

Der Schritt von der Wiedergeburt der Magier zu einem neuen Erscheinungbild der Hexerei ist klein. Auch dies geschieht in England, und das verwundert nicht. Man schaue sich nur die Prozesse an: Obwohl die Zahl der Verurteilten kleiner ist als in den Ländern des Kontinents, ist die Gesamtmenge an schriftlichem Material, wie Abhandlungen und Berichte zu diesem Thema, exorbitant hoch. An keinem anderen Ort haben Hexerei und Magie in der Zeit der Verfolgung eine so umfangreiche schriftliche Debatte bewirkt, und diese Schriften bereiteten nun dem Erinnern den Boden. So verkündete der Esoteriker Gerald Gardner in der Mitte des 20. Jahrhunderts der Welt die Wicca-Bewegung und wurde ihr erster Priester.

Wicca wurde als uralte Religion der europäischen Hexen präsentiert. Diese Vorstellung rührte vom Einfluss zweier Untersuchungen her, die historisch bedauerlich wenig akkurat ausgeführt wurden. Charles Leland beschrieb in der ersten, wie die Hexerei direkt auf die Göttin Diana zurückging. Diese habe ihre Tochter Aradia auf die Erde gesandt, damit sie die Unterdrückten gegen die Macht der Starken schule. Die zweite Studie wurde von Margarte Murray durchgeführt und erklärte die Hexerei zum Relikt eines Kultes der Urahnen, der in ganz Europa verbreitet war und in dessen Zentrum ein gehörnter Gott stehe, der die Pflanzenwelt beschütze.

Tatsächlich beginnt die Hexerei als Religion mit ebendieser Wicca, und diese historisch sehr ungenauen Quellen schufen den poetischen Unterbau der Bewegung. Denn auch wenn die Hexerei keine Religion war, so stimmt es dennoch, dass es in jeder Epoche Hexen gibt und dass Schutzgottheiten der Natur und des Kosmos existiert haben, deren Spuren in archäologischen Funden erhalten sind.

Zwei bedeutende Beispiele für eine zeitgenössischen Praktik, in deren Mittelpunkt der Kult von Gott und Göttin steht, sind der keltische Cernunnos-Kult und der Kult der Großen Mutter, die in prähistorischen Statuetten dargestellt sind. Cerunnos ist ein Gott in menschlicher Gestalt mit mächtigem Hirschgeweih, Herr und Beschützer der Tiere. Die Große Mutter erscheint mit sehr großen Geschlechtsorganen und riesigem Unterleib als Hinweis auf Fruchtbarkeit, Versorgung und üppiges Leben. Beide sind lediglich zwei Erscheinungsformen von Gott und Göttin, die im Zentrum der zeitgenössischen Rituale stehen. Sie können in einem modernen Hexenzirkel oder allein beschworen werden. Kräuter, Steine, Zauberformeln, Objekte als Symbole für die Elemente begleiten die Riten. Die Hexen wirken allein oder im Hexenzirkel, dem Coven, im Innern eines magischen Kreises, der den Kreislauf von Leben, Tod, Wiedergeburt symbolisiert. Neben Wicca finden wir heute viele Formen der Hexerei, die sich mit neuheidnischen Bewegungen kreuzen. Im Allgemeinen teilen beide Richtungen den Wunsch nach tiefer Harmonie mit der Natur.

Man kann Hexe oder Magier sein und trotzdem einer anderen Religion angehören oder auch gar keine spezifische spirituelle Absicht verfolgen. Die Wicca selbst ist vielschichtig, während andere Arten der Hexerei je nachdem einmal lieber mit Kräutern und Pflanzen arbeiten, ein andermal mit Kristallen, mit dem Ozean und den Gewässern, mit Feen und anderen spirituellen Wesenheiten, mit Folklore und mit erlernten oder in der Familie weitergegebenen Praktiken. Hexen und Magier können schamanische und animistische Traditionen nutzen, komplexe Rituale ausführen und einfache alltägliche Handlungen – wenn zum Beispiel das Saubermachen im Haus spirituelle Bedeutung annimmt. Sie beeinhaltet Gottheiten, Mythen und Glaubensinhalte aus den Religionen der Welt. Die Grenzen sind nicht statisch, und die magischen Künste gehen durch die Sensibilität und die individuellen Absichten ineinander über. Viele Hexen engagieren sich aktiv für Bürgerrechte, für die Umwelt, für Tiere und für Minderheiten. Auch wenn Engagement keine wesentliche Komponente darstellt, steht außer Zweifel, dass Hexen und Magier unserer Zeit sich besonders der Natur widmen, die nicht als etwas Getrenntes wahrgenommen wird, sondern als die Welt, von der wir ein Teil sind.

Magie zu praktizieren bedeutet heutzutage vor allem, für die Entwicklung eines umfassenderen Verständnisses der Essenz des Ganzen tätig zu sein, ohne die Augen vor den Schattenseiten zu verschließen: vor Angst und Tod. Zu wissen, dass wir in einer wundervollen und instabilen Welt leben, ist der erste Schritt zu einem Leben im Sinne der Gerechtigkeit, verstanden als Verteidigung der Schwächsten, die keine Stimme haben oder es nicht schaffen, sich in dieser Gesellschaft Gehör zu verschaffen. Die Magie wirkt nach außen, als Akt der Aufmerksamkeit gegenüber der Welt, und in der Seele. Sie bringt Heilung in unser Leben und unsere Träume. Die Seele der Welt zur Zeit der Renaissance erneuert sich in unserer Zeit, mischt sich jedoch in vollständiger Offenheit mit anderen Religionen und Kulturen. Sie verliert ihre exklusiv menschliche Gestalt und nimmt eine metamorphe Form an: Menschen, Tiere, Pflanzen und Geistwesen leben mit gleicher Würde und empfinden gegenüber den anderen und sich selbst dieselbe Verantwortung.

Aufgrund dieser respektvollen, fürsorglichen und die Gleichberechtigung achtenden Haltung gegenüber allen Lebensformen wird der weibliche Aspekt des Kosmos oft privilegiert, und so finden wir tatsächlich das Bild der Göttin in dreifacher Gestalt – Mädchen, Mutter, alte Frau. Dies entspricht den drei Mondphasen – zunehmender Mond, Vollmond und abnehmender Mond –, aber auch den drei Aspekten Begeisterung, Lernen und Weisheit. Nichts wird ausgeklammert. Die Hexe weiß, dass sie lernen muss, sowohl Freude als auch Kummer auszuhalten. Sie weiß, was sie sich in der Wüste vorstellen muss, und in der Fülle muss sie sich an den Durst erinnern. Wie die Hexen von Thessalien in der Antike beschwören Männer und Frauen, die sich als Hexen erkennen, den Mond und ziehen ihn aus der Nacht herab: Möge es ein starker Mond sein, ein Mond, der von Mut kündet.

∧ ∨ ∧ ∨ ∧

HEXEN UND MAGIER

Aber gibt es die Magier und Hexen denn wirklich? Wir stellen uns vor, wie sie aus den Sagen, den Mythen und den heiligen Texten herausspaziert kommen, aus der Alltäglichkeit und der Verborgenheit, von Alchemisten und Heilerinnen auf dem Land. Kannibalische Megäre, Mondfrauen, Heilige, weise Magier, Dichter und blinde Wahrsager – dieses Kapitel stellt Porträts von Hexen und Magiern aus der Geschichte und den Legenden bis schließlich zu Erscheinungen unserer Zeit vor.

DIE HEXE VON ENDOR

~ ~ ~

Nekromantie ist die Kunst, Tote zu beschwören, um sie zu den Schicksalen der Lebenden zu befragen. Blind für die Gegenwart eines Daseins, das sie nicht mehr betrifft, können die Verstorbenen in die Seelen und darüber hinaus blicken und die Wege ergründen, die sich uns allen eröffnen. Im ersten Buch des Propheten Samuel ist zu lesen, dass König Saul Totenbeschwörer und Magier aus Israel verbannt hatte. Nachdem er im Krieg gegen die Philister vergeblich durch Träume, Propheten und göttliche Orakel Gottes Rat gesucht hatte, verkleidete er sich und begab sich in die Stadt Endor. Dort lebte eine Totenbeschwörerin. Im rabbinischen Talmud wird sie mit Zephania identifiziert, der Mutter des Abner, der seinerseits ein Cousin des Königs und einer seiner Feldherren war.

Saul bittet die Frau, den Propheten Samuel herbeizurufen. Dieser war kurz zuvor gestorben und in seiner Geburtsstadt begraben worden. Der jüdischen Tradition zufolge halten sich die Geister der Toten etwa ein Jahr lang in der Nähe des Leichnams auf und nehmen dann endgültig Abschied. Der Geist manifestiert sich, und die Hexe erschrickt, denn sie erkennt ihren Gesprächspartner, der jedoch beruhigt sie hinsichtlich seiner Absichten. »Der König antwortete ihr: Hab keine Angst, was siehst du? Die Frau sagte zu Saul: Ich sehe ein göttliches Wesen, das aus der Erde heraussteigt. Er fragte sie: Wie sieht es aus? Sie antwortete: Der heraussteigt, ist ein alter Mann, und er ist in einen Mantel gehüllt.«

Leider hat Samuels Geist keine guten Nachrichten. Saul wird mit seinem ganzen Heer geschlagen werden, da Gott ihn verlassen hat. Die Episode soll die Konsequenzen aus Sauls Handeln aufzeigen – dieser hatte den biblischen Geboten zum Trotz eine Wahrsagerin zurate gezogen.

DIE DREI SCHWESTERN

~ ~ ~

»Wann kommen wir drei uns wieder entgegen? In Donner, in Blitzen oder im Regen?« So fragten die drei Hexenschwestern in Shakespeares Macbeth einander und spielen damit sowohl auf ihre Verwandtschaft mit den Kräften des Sturms an als auch auf ihre Eigenschaft als Unheilsverkünderinnen. Sie sind alt, androgyn, bösartig, und sie versammeln sich zu dritt. Die Drei ist die Kraftzahl schlechthin und symbolisiert Körper, Geist und Seele sowie Gegenwart, Vergangenheit, Zukunft oder Geburt, Leben, Tod. Die drei Hexen haben einen unheilvollen Charakter, und das passt dazu, wie man in jener Zeit Menschen sah, die Magie praktizierten. Eigentlich aber stammen sie von anderen weiblichen Dreiheiten ab, die in den Mythen die Hüterinnen des Schicksals sind.

Zum Beispiel die skandinavischen Nornen, die bei der Quelle des Schicksals neben dem kosmischen Baum, der Esche Yggdrasill, lebten, die sich über die Welten erstreckt. Sie benetzten den Baum täglich mit Quellwasser, spannen die Schicksalsfäden der Leben, wobei jeder Mensch einem Faden entsprach. Sie schnitzten Runen, das Alphabet des Wissens. In der »Lieder-Edda«, dem Buch der nordischen Mythen, ist zu lesen: »Diese beschließen das Gesetz, diese wählen das Leben / für die Lebendgeborenen, / die Schicksale der Menschen.«

Auch die römischen Parzen und die griechischen Moiren spinnen den Faden des Schicksals. In »Der rasende Roland« schreibt Ludovico Ariosto: »Die Alten sind die Parzen, die mit jenen / Staubgefäßen Leben spinnen für euch Sterbliche.« Die griechischen Moiren werden wie folgt beschrieben: Klotho spann den Lebensfaden und leitete die Geburt, Lachesis bemaß die Länge des Fadens und Atropos schließlich schnitt ihn ab. Die drei Schwestern und ihre Symbolik kehren heute im Dreifachmond der zeitgenössischen Hexen wieder, den drei nächtlichen Gesichtern des Daseins: zunehmend, voll abnehmend, Zyklus um Zyklus, von Person zu Person.

MORGANA

~ ~ ~

Die Fee Morgana ist eine der faszinierendsten und unergründlichsten Gestalten der Artuslegende und der umfangreichen Hexenfolklore. Sie verkörpert die Doppeldeutigkeit der Feen, unklare Wesen, die an der Schwelle des Lebens verweilen und sowohl zu großem Wohlwollen als auch zu dauerhafter Feindseligkeit gegenüber dem Menschen fähig sind. Sie bewohnt geheimnisvolle Insel Avalon, die »Apfelinsel«. Darin wird oft das englische Städtchen Glastonbury erkannt mit dem Hügel Tor, der bei den Überschwemmungen in dieser Gegend wie eine Insel aus dem Wasser emporragte. Diese menschliche Hexe ist eine Schülerin des Zauberers Merlin und gilt als eine Expertin der Heilkünste. Die Halbschwester von König Artus bekämpft in manchen Zeiten die Ritter der Tafelrunde, in anderen hilft sie ihnen.

Gleichwohl heißt es, sie sei es gewesen, die den tödlich verwundeten Artus auf seiner letzten Reise über das Wasser nach Avalon begleitete, wo der König noch heute schläft. Morganas Wesen wird schon durch den Namen offenbart, denn dieser geht auf die keltische Göttin Morrígan zurück. Sie ist für Krieg und Schicksal zuständig, ist die Begleiterin und die Feindin des Helden Cú Chulainn, dessen Tod sie ankündigt. Auch und vor allem jedoch ist sie Irlands Gottheit und Geist und bringt Irlands Urkraft zum Ausdruck. Ihr Name verweist auch auf andere Geschöpfe, die Mari-Morgan oder Morgane der bretonischen und walisischen Mythen. Diese zweigeschlechtlichen Wesen sind bestens vertraut mit Gesängen und Geheimnissen. Sie sind aus dem Meer geboren (Mori-Gena) und somit den Sirenen ähnlich, die die Tiefen des Meeres bewohnen und dort ein Leben in Frieden führen. Oft retten sie die Opfer von Schiffsunglücken – oder sie verursachen ein solches Unglück, einer Laune ihrer Natur folgend.

BABA JAGA

~ ~ ~

Baba Jaga ist eine Hexe aus dem slawischen Kulturraum. Sie dreht im bitterkalten Winter ihre Runden. Nichts an ihr ist menschlich, nur ihr Äußeres ist das einer alten Hexe mit großer Nase … aber schaut sie euch näher an: Im Grinsen zeigt sie ihre eisernen Zähne! Der Ursprung ihres Namens ist unklar. Im Altrussischen bezeichnete »*Baba*« eine Art Zauberin, während es im modernen Russisch die Wurzel des Wortes »Großmutter« ist. Die Herkunft von »*Jaga*« ist noch rätselhafter: Man kann es mit »bösartige Nymphe« übersetzen, aber auch mit »Schlange«. Baba Jaga wohnt in einer Hütte, die sich auf Hühnerfüßen bewegt und sich dreht und sich entweder zu dieser oder zu anderen Welten hin öffnet. Sie jagt – in einem Mörser fliegend – Kinder und verwischt mit einem Besen hinter sich ihre Spuren, damit niemand weiß, wann sie kam oder ging. Sie kann die Winde beherrschen und ist mit der kalten Jahreszeit verbunden.

In einem alten Frühlings-Volkslied heißt es: »Sonne, hast du die Alte Jaga gesehen, / Baba Jaga, die Winterhexe? / Diese Furie, sie hat vor dem Frühling Reißaus genommen, / sie ist vor seiner Schönheit geflohen, / hat die Kälte in einen Sack gesteckt, / hat die Kälte von der Erde fortgeschüttelt, / sie ist gestolpert / und den Hügel hinabgerollt.«

Das Wesen der Baba Jaga ist undurchschaubar: Helden oder Heldinnen unterzieht sie harten Prüfungen, hilft ihnen jedoch, wenn es darauf ankommt. Es heißt, in Wirklichkeit komme sie denen zu Hilfe, die durch geheimnisvolle Verwandtschaft mit ihr verbunden sind. Wenn sie aber die Mutter und die Hüterin des Waldes ist, wird sie auch ein wenig unser aller Mutter – oder Großmutter – sein. Wie wird sich ihre Hütte für uns öffnen, und welchen Rat wird sie uns geben – für das Leben oder für den Tod?

HEKATE

~ ~ ~

Wir alle haben bestimmt schon mal an einer Weggabelung ge-standen und gedacht: »Letztendlich ist ein Weg genauso gut wie der andere.« Das gilt sowohl wörtlich als auch im übertragenen Sinn, be-zogen auf das Schicksal. Eine Weggabelung hat etwas Besonderes, und sie ist ein kraftvolles Symbol: Zwei Wege treffen aufeinander, und un-sere Gegenwart ist das Ergebnis daraus.

Leben, Tod, Initiation in die Geheimnisse sind ebenfalls Wege, die sich kreuzen, und eine dreigestaltige Göttin erhellt dort die Dun-kelheit mit ihren beiden Fackeln – oder führt sie uns nur noch weiter in die Finsternis hinein? Es ist Hekate. Sie erscheint in dreifacher Ge-stalt. Der Hund ist ihr tierischer Begleiter. Der Kult der Hekate ist ur-alt, noch älter als die griechischen und römischen Kulte, die ihr bereits gewidmet waren. Als einst Persephone vom Gott der Unterwelt Hades entführt wird, ist es Hekate, die ihre Schreie hört und es ihrer Mutter Demeter, der Göttin der bestellten Felder, berichtet. Mit Demeter wacht Hekate über die Eleusischen Mysterien von Tod und Wieder-geburt. Sie ist aber auch auf Hausaltären gegenwärtig und schützt vor dem Bösen.

Mehr noch als Göttin der Hexen ist sie eine große zweige-schlechtliche Mutter, die Leben aus sich selbst erschaffen kann. Sie wacht über die Geburt und über die Wilde Jagd. Sie ist dreigestaltig, denn sie herrscht über die Erde, über das Meer und über den Himmel; sie bewegt sich frei in den Welten der Menschen, der Geister und der Götter. Sie hält die Schlüssel des Universums in ihren Händen. Sie be-fehligt die Dämonen und den Mond in der abnehmenden Phase. Ihr ist es zu verdanken, dass man die Toten beschwören, Geister sehen und Zauberformeln hervorbringen kann.

An Kreuzwegen legte man Opfergaben für Hekate bereit, zum Beispiel Gerste, Kuchen und Honig. Affodillblüten werden für die dunklen Gottheiten und die Toten gebracht, die keinen Frieden finden.

MATTEUCCIA DI TODI

~ ~ ~

Liebestränke – von den 30 Vorwürfen, deretwegen Matteuccia di Francesco am 20. März 1428 vom Schadenzauber-Tribunal in Todi zum Tod auf dem Scheiterhaufen verurteilt wurde, ist dies die Disziplin, in der diese Frau eine Meisterin ist. »Wahrsagerin«, »sittenlose Frau«, »Hexe« gehören zu den Begriffen, mit denen man sie beschrieb. Zu ihren Utensilien gehören: Wachsbilder, Kräuter, Asche verbrannter Schwalben, mit der die Aufmerksamkeit eines Mannes angezogen oder abgewehrt oder ein gewalttätiger Ehemann besänftigt wurde, sowie Leichenfett zur Heilung von Schmerzen und Verletzungen. In den Heilzauberformeln gab sie vor, den Namen des Christus, der Muttergottes und der Heiligen anzurufen, also der mächtigsten Wesen, die man sich denken konnte. Katholische Wundertätigkeit und Magie verschmelzen bei ihr mit altem Volksglauben, aber für die Richter war jeder Zauber das Ergebnis satanischen Wirkens.

Matteuccia zählt zu den ersten Opfern der Hexenverfolgung in Europa und ist womöglich der erste Fall, aus dem wir erfahren, was bei einem Teufelssabbat geschah. Aus den Prozessunterlagen ist zu erfahren, dass Matteuccia sich mit einer besonderen Salbe einrieb, die aus dem Blut von nachtaktiven Raubvögeln und getöteten Neugeborenen bestand, um sich zum Nussbaum von Benevento zu begeben. Dazu rief sie: »Salbe, Salbe, / schick mich zum Nussbaum von Benevento, / über die Wasser und über den Wind / und über alles schlechte Wetter geschwind.« Und weiter: »O schöner Luzifer, / Dämon der Finsternis, / weil du verbannt wurdest, / beklagtest du den Namen, / und trägst den Namen großer Luzifer, / komm zu mir oder sende einen deiner Diener.« Der nach allen Regeln der Kunst beschworene Teufel sandte ihr daraufhin einen Dämon in Gestalt eines Ziegenbocks, auf dem sie zum Ort der Zusammenkunft reiten konnte. Dort waren bereits viele andere Hexen um Luzifer in Person versammelt.

JEANNE D'ARC

~ ~ ~

Warum gedenkt man der Schutzheiligen Frankreichs Jeanne d'Arc, der »Jungfrau von Orleans«, auch als Hexe? Alles beginnt, als die dreizehnjährige Jeanne eines Sommers in ihrem Geburtsort Domrémy Stimmen hörte, die sie als den Erzengel Michael sowie die Heiligen Katharina und Margherita erkannte. Sie beschloss daraufhin, sich Gott zu schenken, und legte ein Keuschheitsgelübde ab. Unterdessen tobte der Hundertjährige Krieg zwischen Frankreich auf der einen und England und Burgund auf der anderen Seite. Im Herbst 1428 machte Jeanne d'Arc sich auf, um, wie ihr von den Stimmen geheißen, den Dauphin zu unterstützen, also den rechtmäßigen Thronerben und zukünftigen König.

Sie gab nicht auf, als die militärischen Führer sie für verrückt hielten. Das Volk bewunderte sie bereits wegen ihres Charismas, und dieses war schließlich ausschlaggebend: Jeanne d'Arc überstand die diversen Befragungen der Geistlichen, traf Karl VII. und offenbarte dem König Details zu seiner Person, die niemand wissen konnte – außer durch göttliches Zutun. Sie zog als Ritterin mit Schwert und weißem Banner in den Krieg und flößte den Soldaten Mut ein. Sie führte das Heer in der Schlacht von Orléans zum Triumph, und 1429 nahm sie in der Kathedrale von Reims an der Krönung des Königs teil.

Doch eine so eigensinnige Frau war den Mächtigen verhasst, und dass sie die Wahrheit kannte, wurde ihr als Hexerei vorgeworfen. Sie wurde von ihren Feinden gefangengenommen und 1431 im Alter von 19 Jahren in Rouen zum Tod auf dem Scheiterhaufen verurteilt, in einem Verfahren, das bereits wenige Jahre danach als illegal befunden wurde. Die Mächtigen fürchteten ihre Stärke, ihre Maskulinität, die Unschuld ihres Glaubens. Ihr Prozess wurde unter einem religiösen Vorwand geführt, war jedoch auf schändliche Weise politisch motiviert: Das neue französische Reich sollte destabilisiert werden, indem man seine glühendste Verehrerin verfolgte.

URSULA KEMP

~ ~ ~

Ursula Kemp, bekannt auch als »Grey«, die »Graue«, war eine der vierzehn Frauen aus dem Dorf Saint Osyth in der Grafschaft Essex, denen ein Hexenprozess gemacht wurde. Sie war angeklagt, den Tod eines Kindes verursacht zu haben, das sie zunächst selbst geheilt hatte. 1582 wurde sie im Alter von 57 Jahren verurteilt und gehängt. Wie in vielen anderen Fällen vermischen sich in ihr die Archetypen der weisen Frau und der Hexe. Tatsächlich gestand sie, die Magie von einer anderen Frau gelernt zu haben. Diese habe ihr ein Mittel gegen die Lahmheit gegeben, unter der sie litt, weil sie verhext worden war. Johanniskraut, Kerbel, Schweinedung und Salbei waren unter den Zutaten. In den Dokumenten begegnen wir dem ersten Beispiel für einen vampirhaften Gefährten, also dem Tier, das den englischen Hexen diente und seiner menschlichen Herrin Blut aussaugte. Ursulas achtjähriger Sohn Thomas Rabbet legte unter Zureden des Richters Zeugnis über die tatsächliche Natur und das Verhalten ihrer tierischen Gefährten ab. Es waren vier Tiere mit niedlichen Namen, die wie Haustiere aussahen, jedoch dämonische Gewohnheiten pflegten: der graue Kater Titty, das weiße weibliche Lamm Tiffin, die schwarze Krötendame Piggin und der schwarze Kater Jack »kamen des Nachts zu seiner Mutter und saugten über den Armen und an anderen Körperstellen ihr Blut«. Ursula erklärte, dass die beiden Männchen straften, indem sie den Tod brachten, während die Weibchen Lahmheit brachten und Mensch und Tier krank machten.

Im Jahr 1921 stieß man unweit von Saint Osyth auf zwei weibliche Skelette mit Eisennägeln in Knien und Ellenbogen. Dies sollte verhindern, dass die Hexen aus ihren Gräbern auferstehen konnten. Man glaubt, es handelt sich um Ursula und eine andere Hexe namens Elizabeth Bennet.

BIDDY EARLY

~ ~ ~

Einige Hexen sind für ihre Weisheit bekannt. »Die weiseste aller weisen Frauen«, so definierte sie der Dichter William Butler Yeats, war die Irin Biddy Early (1798–1872). Sie lebte in der östlichen Grafschaft Clare und war Kräuterfrau, Heilerin, Hellseherin. Ihr Ruf war so enorm, dass die Menschen aus ganz Irland zu ihr kamen, damit sie Menschen und Tiere an Körper und Geist heilte. Geboren wurde sie als Bridget Connors. Sie mochte weder den Nachnamen ihres Vaters noch den eines ihrer vier Ehemänner annehmen, die sie alle überlebte. Sie trug stattdessen den Namen der Mutter, von der sie auch ihre Kräfte hatte. Als Kind verbrachte sie eine siebenjährige Lehrzeit beim »guten Volk«, also den Feen, »denn die Feen«, so Biddy, »müssen ihre Geheimnisse teilen«. Außerdem haben die Feen – vielleicht wegen ihres nostalgischen, zuweilen fast menschlichen Wesens – eine Schwäche für Waisenkinder, und Biddy war eine Waise. Sie musste lernen, sich durchzuschlagen, und entwickelte einen stolzen und unbeugsamen Charakter. So wusste sie, den Mächtigen zu begegnen und denen, die sie der Hexerei bezichtigten, vor allem den Priestern. Dank ihrer Gaben und ihres Wesens bekam sie Unterstützung von vielen Menschen, die im Prozess von 1865 zu ihren Gunsten aussagten. Schließlich nahmen diverse Ankläger ihre Anschuldigungen zurück!

Unter ihren Gegenständen fällt die Blaue Flasche auf. Darin sammelte sie Kräuter und Tau, der die Nacht in Morgengrauen verwandelt, außerdem Wasser aus ihrem magischen Brunnen und Weihwasser. Man erzählt, die Flasche habe sie von ihrem verstorbenen Sohn Tom erhalten, der sie in einem Wettstreit mit den Feen gewonnen habe und zu den Lebenden zurückgekehrt sei, um sie seiner Mutter zu schenken.

MARIE CATHERINE LAVEAU

~ ~ ~

Die Kreolin Marie Catherine Laveau (1801–1881) war die Voodoo-Königin von New Orleans, und ihre Geschichte verschwimmt mit dem Mythos. In Louisiana wurden katholische Elemente in die Voodoo-Tradition integriert und mit dem eigenen spirituellen Universum vereint, das von Mittlerwesen zwischen Gott und den Menschen, den Loa, bevölkert war. Marie Laveau, Tochter einer befreiten Sklavin und eines kreolischen Geschäftsmannes, war ihr Leben lang eine fromme Katholikin. In der populären Vorstellung wurde sie zu einer Gestalt, die sowohl mit einer Heiligen als auch mit einer Hexe verglichen werden konnte, die man wegen ihrer Gaukeleien fürchtete. Sie heilte mit Zauberformeln und Tränken auf Kräuterbasis, kannte sich bestens mit Liebesmagie aus und konnte die Zukunft vorhersagen. Es heißt, dass Menschen aller Couleur sich auf der Suche nach Rat an sie wandten. Im Nachruf in der »New York Times« stand zu lesen: »Anwälte, Gesetzgeber, Plantagenbesitzer und Kaufleute, alle kamen, um ihr Respekt zu erweisen und ihre Dienste in Anspruch zu nehmen.«

Doch Marie Laveau war viel mehr als irgendeine Wahrsagerin aus der Stadt. In zweiter Ehe war sie mit dem Weißen Christopher Glapion verheiratet und hatte viele Kinder mit ihm. Einige erkrankten am Gelbfieber, das damals in der Stadt grassierte. In der Folge kümmerte sie sich um Kranke und Schwache und entwickelte so ihre magischen Talente.

Wirklichkeit oder Legende? Wir finden Spuren von Marie Laveau in Romanen und Erzählungen, in denen weniger die Fakten untersucht als vielmehr über ihren Ruf spekuliert wurde. So ergeht es den wahren Zauberinnen. Sie verschwinden, aber ihre Magie bleibt, vor allem, wenn sie, wie im Falle der Laveau, in einer Zeit der Sklaverei und des Rassismus zu Freiheit inspirieren.

HELENA PETROVNA BLAVATSKY

~ ~ ~

In der Gestalt der Helena Petrovna Blavatsky (1831–1891) begegnen sich Orient und Okzident. Die Gründerin der Theosophischen Gesellschaft – geboren in Dnipro in der Ukraine und in London an der Grippe gestorben – hatte sich dem Studium der göttlichen Weisheit verschrieben. Sie ist die Muttergestalt der Magie in der Moderne und verkörperte deren Potenzial und auch ihre Doppeldeutigkeit. Ihre medialen Gaben umgaben sie mit der Aura eines Orakels, aber auch mit dem Ruf einer Scharlatanin, und ihre Fantasie enthielt »die Folklore der ganzen Welt«, wie Yeats schrieb.

Helena Blavatsky war ein lebhafter und wohlwollender Mensch, steckte jedoch voller nicht zu Ende gedachter Theorien, was Zweifel an der Ernsthaftigkeit ihrer Arbeit aufkommen ließ. Sie stammte aus einer aristokratischen Familie und hatte seit Kindertagen lange Reisen unternommen. Ihr Interesse an Esoterik und Weisheit verfolgte sie mit autodidaktischen Studien. Von spirituellen Meistern, denen sie in Indien begegnet war, hatte sie übersinnliche Kräfte. Diese »Mahatmas« waren hochentwickelte Wesen, die durch diverse Initiationen vom Menschlichen zum Göttlichen aufgestiegen waren.

Die Werke, die Helena Blavatsky uns hinterlassen hat, sind vielfältig, bisweilen etwas durcheinander, aber immer faszinierend; antike Schriftsteller und Philosophen, indianische Traditionen und Mittelmeertraditionen verschmelzen darin miteinander. Die Stimme der Autorin und ihre Quellen sind darin gelegentlich vermischt, was zu Plagiatsvorwürfen führte. In Wirklichkeit war ihr das literarische Werk nicht so wichtig wie ihr großes Ziel: eine universelle Brüderlichkeit.

Madame Blavatsky glaubte, die Menschheit werde noch vor der Wende zum 20. Jahrhundert den Übergang von einer materialistischen zu einer spiritualistischen Kultur vollziehen. Auch wenn dies nicht eingetreten ist, hat sie doch ein spirituelles Samenkorn gelegt, und wer weiß, ob es nicht unerwartet noch aufblüht!

STARHAWK

~ ~ ~

Wenn es etwas gibt, das die Hexen über die Jahrhunderte und die unterschiedlichen Schicksale hinweg verbindet, so ist es Charisma. Es ist ihre innere Kraft, die sie in Heilerinnen verwandelt, in Feindinnen des Geordneten und in inspirierende Gestalten. Bei der Amerikanerin Starhawk (geboren 1951) vereint sich dieses Charisma mit Ökologie, Pazifismus und Feminismus. Sie ist jahrelang als einzelne Hexe aktiv gewesen und hat dann zwei Coven nur für Frauen im Gebiet der Bucht von San Francisco gegründet, und zwar in Compost und danach in Honeysuckle. In den 1970er-Jahren hat Starhawk gemeinsam mit Diane Baker das Reclaiming ins Leben gerufen. Diese magische Tradition beruht auf dem Dialog zwischen der Religion der Göttin und dem Engagement für Minderheiten, Geschlechterfragen und für die Umwelt.

Nicht alle zeitgenössischen Hexen sind auch politisch engagiert, und einige blicken mit Argwohn auf den Aktivismus. Bei einer Hexe, die so sehr in der Öffentlichkeit steht wie Starhawk, lässt sich jedoch behaupten: Der vorrangige magische Akt ist die Möglichkeit, der Erde, dem unterdrückten Menschen, dem Traum einer Gemeinschaft, in der die Unterschiedlichkeit ein Wert ist und kein Grund für Marginalisierung, mit Entschlossenheit und Würde eine Stimme zu geben.

Starhawk schreibt in ihrem wichtigsten Buch mit dem Titel »Der Hexenkult als Ur-Religion der Großen Göttin«: »Die Liebe zum Leben in all seinen Formen ist die Grundethik der Hexenkunst«. Es ist eine Liebe, die die zerstörerischen und erneuernden Kräfte des Kosmos anerkennt, ohne sich vor der Schattenseite des Daseins zu verstecken, eine Liebe, die Gerechtigkeit an erste Stelle stellt, und zwar eine Gerechtigkeit, die nicht »von irgendeiner externen Autorität verwaltet wird, sich nicht auf einen geschriebenen Kodex oder auf ein von außen auferlegtes Regelwerk stützt. Im Gegenteil, die Gerechtigkeit ist das innere Bewusstsein, dass jede Tat Konsequenzen hat, denen man sich verantwortungsvoll zu stellen hat.«

TIRESIAS

~ ~ ~

»Sieh dort Tiresias, dem es geschehen, / dass seine Glieder er durch Zaubergabe / zur Weibesform sah plötzlich übergehen. / Er musste wieder erst mit seinem Stabe / beschwörend auf den Schlangenknäuel hauen, / dass er zurück des Bartes Zierde habe.« Dies sind die Verse, die Dante dem antiken thebanischen Seher im XX. Gesang der Hölle widmet, dem Gesang der Wahrsager, die das Gesicht nach hinten verdreht haben und bis in Ewigkeit dafür bestraft sind, dass sie als Lebende zu sehr in die Zukunft haben schauen wollen.

Es gibt unterschiedliche Erzählungen darüber, wie Tiresias das Sehvermögen verloren, jedoch die prophetische Gabe erworben hat. Die Erklärung, der wir im Eingangszitat begegnen, stammt aus den »Metamorphosen« des Ovid und berichtet, wie Tiresias mit einem Stock zwei kopulierende, verschlungene Schlangen schlug und in eine Frau verwandelt wurde. Nach sieben Jahren traf er sie wieder, schlug sie erneut und wurde wieder ein Mann. Tiresias kannte also die weibliche und die männliche Natur. Deswegen wandte sich der Göttervater Zeus an ihn, denn er diskutierte mit seiner Frau Hera über die Frage, wer größeres Vergnügen empfinde, die Frau oder der Mann. Tiresias antwortete – und bestätigte die Worte des Zeus –, dass es zweifellos die Frau sei. Gekränkt strafte Hera ihn mit Blindheit, doch Zeus verwandelte diese Blindheit in die Kunst des Wahrsagens.

In der homerischen Odyssee begegnet Odysseus Tiresias als Schatten, der im Hades wohnt, denn dahin hat der Held sich auf Anraten der Zauberin Circe begeben. Tiresias sagt ihm sein Schicksal voraus, lässt dabei aber ahnen, dass der Mensch immer die Möglichkeit hat, sich selbst zu entscheiden, auch wenn die Götter gegen ihn sind. Tiresias – blind wie schon der Dichter Homer – sieht also nicht nur die Ereignisse, sondern auch die Eigenschaften der Person, die ihn befragt, denn er kann in der Seele des Menschen verweilen.

MERLIN

~ ~ ~

Die Figur des Merlin wird im 12. Jahrhundert im Land zwischen Wales und der Bretagne geboren, als Kombination verschiedener Gestalten: ein Prophet, ein Barde, ein verrückter Einsiedler. Man erzählt, er sei der Sohn einer Frau und eines Dämons und besitze die Gabe der Voraussicht. Die Weisheit des Alters, dessen, der viele Existenzen gesehen hat – vielleicht über sein dämonisches Erbe – verbarg sich in seinem Kinderkörper.

Als Junge offenbarte Merlin dem König Vortigern, dass sein Versuch, an einer bestimmten Stelle einen Turm zu errichten, zum Scheitern verurteilt war, denn darunter bekämpften sich der Rote Drache und der Weiße Drache – Symbol für die zukünftigen Konflikte des Reichs. Merlin war es auch, der die Geburt des legendären König Artus verursachte: Er nutzte seine Magie und ermöglichte dem neuen Herrscher Britanniens Uther Pendragon eine Liebesnacht mit Igraine, der Frau des damaligen Herzogs von Cornwall. Der Dichter Alfred Tennyson sagt uns im 19. Jahrhundert in seinem Werk über König Artus, Merlin selbst habe beim Tod des Königs den neugeborenen Artus gerettet, indem er ihn aus den Wellen des Meeres geborgen und ihm in einer Höhle unter Schloss Tintagel Schutz geboten habe. Diese Höhle existiert noch heute und kann besichtigt werden.

Weiser Mann und Dämon: Wie ist es Merlin ergangen? Der bekanntesten Legende zufolge hat seine Schülerin Viviana ihn für immer im verwunschenen Wald von Brocéliande eingesperrt, als sie versuchte, sich gegen die Zudringlichkeiten ihres Lehrers zu wehren. Es heißt, dass Merlin noch immer in einem Gebilde umgeht, das ihm selbst wie ein Turm aus Glas erscheint. Für Vorübergehende jedoch sieht es aus wie Nebel, der ab und zu den Blick auf das Antlitz des Magiers enthüllt.

NICHOLAS FLAMEL

~ ~ ~

Hat es wirklich jemanden gegeben, der Materie in Gold verwandeln konnte? Wenn ja, so handelt es sich um den geheimnisvollen französischen Alchemisten Nicholas Flamel, dessen Lebensgeschichte zwischen Historie und Märchen hin- und herschwankt. Schließlich ist sehr wenig über die Alchemisten bekannt: Das Siegel der Verschwiegenheit schützt ihr Leben, das von ihrem Werk nicht zu trennen ist.

Nicholas Flamel wurde 1330 geboren, lebte mit seiner Frau Perenelle in Paris, besaß zwei Geschäfte, in denen er als Schreiber tätig war, und wurde durch häufige Spenden an die Kirche bekannt. 1418 ist sein Todesjahr, aber manche glauben, Flamel sei noch am Leben – mit anderen Identitäten und als Entdecker des Steins der Weisen, der alles Stoffliche gesund macht, da er die Krankheiten heilt und den Tod besiegt. Was wir über Flamel wissen, stammt hauptsächlich aus Texten, die im 17. Jahrhundert veröffentlicht wurden.

Die Geschichte über sein alchemistisches Wissen folgt einem klassischen magischen Weg, und man stößt auf ein Buch, eine Reise und einen Fremden. Für ein paar Münzen gelangte Flamel in den Besitz eines alten Zauberbuchs und ging nach Spanien. Dort half ein konvertierter Jude ihm bei der Übersetzung der Sprache und Symbole.

Die Geschichte ist weitgehend erfunden und Flamels Reichtum ist damit zu erklären, dass seine Frau ihren ersten Mann beerbt hatte. Vielleicht ist der Stein der Weisen auch nicht mehr als das Samenkorn der Fantasie, das zum Austreiben nur einen Namen auf einem Grabstein braucht. Die Fantasie schlägt dann Wurzeln, verästelt sich im Geist mit goldenen Fäden – magischen Fäden.

MARSILIO FICINO

~ ~ ~

»Die ganze Natur ist eine Zauberin«, schrieb der Philosoph, Astrologe und Humanist der Renaissance Marsilio Ficino (1433–1499), Sohn des Leibarztes von Cosimo de' Medici, in seinem Werk *»De Vita«*, »Über das Leben«. Er übersetzte die Werke Platons ins Lateinische und gründete die Accademia Platonica in Florenz, wo sich die Intellektuellen jener Zeit zum Gedankenaustausch trafen. Die Akademie jedoch, die Ficino sich eigentlich vorstellte, entfaltete sich über die Jahrhunderte: Er glaubte nämlich, dass eine Kontinuität zwischen den antiken Philosophien und den christlichen Lehren bestehe. Dieses Wissen, das Philosophie und Religion durchdrang, hatte mit der Seele als Mittlerin zwischen dem Körper und dem Göttlichen, zwischen Vergänglichkeit und Ewigkeit zu tun.

Ficino griff ein Konzept aus der Antike auf und betrachtete den Kosmos als beseelte Einheit, die durch die Bande der Liebe mit dem Göttlichen verbunden war. Die Magie war die Kunst, mit der man ihn erforschte. Dabei stieg man die Skala der Lebewesen hinab und hinauf, von der Materie zum Geist, von den Steinen und Pflanzen zu den Tieren, den Menschen, den Himmeln, den Engeln und zu Gott. Für ihn gab es zwei Arten der Magie: eine natürliche, die dabei half, Beziehungen zwischen Medizin und Astrologie zu bilden, indem man die Einflüsse der Himmelskörper auf die Gesundheit und den Charakter des Menschen untersuchte, und eine dämonische und böse, die aus Ritualen und Teufelsbeschwörungen bestand und den Zweck hatte, die persönliche Macht zu vergrößern.

Als Ficino angeklagt wurde, er praktiziere Magie gegen die Religion, nahm er zu seiner Verteidigung Bezug auf die Magier des Evangeliums, die Heiligen Drei Könige. So erklärte er, die Magie sei ein Mittel, um die Welt zu bestellen, zu verstehen und Nahrung aus ihr zu gewinnen, indem man Übereinstimmungen zwischen den kleinen und den großen Dingen findet.

PARACELSUS

~ ~ ~

Theophrastus von Hohenheim, besser bekannt als Paracelsus (1493–1541), war ein Schweizer Arzt, Humanist und Philosoph der Renaissance. Warum aber ist er auch als Magier in Erinnerung, der sogar Goethe zu seinem Faust inspirierte?

Paracelsus kann unter vielen Aspekten als Mensch von großer geistiger Klarheit angesehen werden. Er erfand die Iatrochemie, also die Kunst, die der modernen Pharmakologie vorausging. Er formulierte das Konzept, dass Krankheiten durch bestimmte Arzneien angegriffen und zerstört werden könnten und dass das Wohlbefinden nicht nur vom Gleichgewicht der Säfte im Körper und im Blut abhing, wie man seit der Antike annahm. Ihm ist die Entdeckung des chemischen Elements Zink sowie der Einsatz von Essenzen und Tinkturen aus Pflanzen und mineralischen Verbindungen zu verdanken.

Auf den Vorwurf, er handele mit Gift, antwortete er, alles habe giftige Eigenschaften und allein die Dosis mache einen Stoff zu Gift. Seine Arbeitsweise war im Grundsatz alchemistisch, und dies brachte ihm den Ruf ein, ein Magier zu sein. Was für andere Alchemisten die Goldsuche, war für ihn die Suche nach neuen medizinischen Wegen zu Gesundheit und einem langen Leben. Dabei bewegte er sich, wie viele seiner Zeitgenossen, zwischen Wissenschaft und Magie. Allerdings ist die Magie auch die erste Form der Wissenschaft, die durch eine spirituelle Komponente ergänzt wurde und die davon ausgeht, dass alles mit allem zusammenhängt.

Nach Paracelsus ist der Mensch nichts anderes als ein Mikrokosmos, der den Makrokosmos widerspiegelt, in dem er sich befindet. Folglich erwachsen Weisheit und Heilung nicht nur aus dem Studium von Krankheit, sondern aus einem Verständnis der Beziehungen zwischen den Lebewesen, die als das große Geheimnis des Universums begriffen werden.

JOHN DEE

~ ~ ~

Wenn man sich einen Magier vorstellt, so sieht man diesen oft zwischen Bücherbergen in Studium und Lektüre versunken in einem schummrigen Raum voller geheimnisvoller Gegenstände. Dieses Bild hat große Ähnlichkeit mit John Dee (1527–1608) in seiner umfangreichen Londoner Bibliothek. Die Geschichte dieser Persönlichkeit – er war Astronom, Mathematiker, Antiquar, Berater von Königin Elizabeth I., Kartograf und Okkultist – ist eine Geschichte über die Suche nach dem Wissen und über einen Absturz.

So groß wie seine Talente war auch das Pech, das seine Abenteuer begleitete. Als angesehener Wissenschaftler beschloss er, sich in seinem Studium der Welt der Geister zuzuwenden. Er machte sich an die Suche nach höheren Kräften, die endlich das Geheimnis des Steins der Weisen lösen könnten, dem sich die mittelalterlichen Alchemisten gewidmet hatten. Die Grenze zwischen Wissenschaft und Magie war fließend, bei beiden ging es darum, das in der Natur verborgene Unsichtbare hervorzubringen. Aber nur die Magie war zugleich der Weg, auf dem man in das spirituelle Universum vordringen konnte – und sei es um den Preis, sich selbst zu verlieren.

Unter den magischen Gegenständen, die ihm vermutlich gehörten, sind eine Kristallkugel und ein schwarzer Obsidianspiegel. Dieser reflektierte nicht die diesseitige Welt, sondern ging zur jenseitigen hin. John Dee wurde als Hexer angeklagt. Zu seiner Verteidigung führte er an, die einzigen Wesenheiten, denen er Gehör schenke, seien Engel. Die Ratschläge der Engel halfen ihm im diesseitigen Leben jedoch nicht. Gelehrsamkeit geht bisweilen mit Naivität einher, und Dee setzte sein Vertrauen in Scharlatane wie Edward Kelly ... ein Medium, vor allem aber ein Krimineller und Schwindler. Dee wurde für sein immenses Wissen stets bewundert, finanziell aber half es ihm nicht. Er starb arm, nachdem er alle seine wunderbaren Bücher verkauft hatte.

GIORDANO BRUNO

~ ~ ~

Das Jahr 1600 begann mit einer der denkwürdigsten und grausamsten Verbrennungen dieser gruseligen Zeit der Geschichte: Am 17. Februar wurde der als Ketzer angeklagte Philosoph Giordano Bruno in Rom auf dem Campo de' Fiori auf dem Scheiterhaufen verbrannt, und mit ihm die Verteidigung der freien Suche nach der Wahrheit gegen den Missbrauch der Macht. Er wurde gezwungen, auf die Knie zu gehen, um das Urteil in Empfang zu nehmen, und sprach zu seinen Richtern: »Mit größerer Furcht verkündigt ihr vielleicht das Urteil gegen mich, als ich es entgegennehme.«

Bruno kam 1548 in Nola bei Neapel zur Welt und wurde Dominikanermönch. Seine Philosophie jedoch enthielt viele Mysterienlehren: Er war ein radikaler Reformer und unterschied zwischen einer offiziellen Religion, die gut war, um die Massen zu kontrollieren, und einer esoterischen Religion für die wenigen Neugierigen, welche die Natur des Universums und des Göttlichen erforschen wollten.

In seinem philosophischen System zog Bruno die heidnische Magie der Alten den christlichen Elementen vor: In seiner Praxis kamen spezielle Pflanzen und Steine sowie mehrere Talismane zum Einsatz, auf dass die Wohltaten der Sterne angezogen würden. Bruno war Anhänger der kopernikanischen Theorien mit der Sonne als Zentrum unserer Galaxie und glaubte an die Existenz mehrerer Welten. Das Universum steckte voller Lebenskräfte, und Gott war nicht sein Schöpfer, sondern vielmehr die höchste Lebensform. In dieser pantheistischen Sicht wurde dem Menschen und der Erde die Vorrangstellung genommen und dem Universum übertragen – lebendig, ewig, unendlich. Die Magie war hierin ein Instrument, mit dem rationales Denken und Vorstellungskraft vermittelt wurden. Das Universalwissen, das Bruno anstrebte, war also eine Art frühes Erkennen der Möglichkeit, dass es an anderen Orten des Raumes andere Existenzen außer unserem Planeten geben mag.

PROSPERO

~ ~ ~

Magie ist Kunst, Täuschung, Darstellung. Daran erinnert uns der Magier Prospero, Alter Ego seines Schöpfers William Shakespeare, in dem Schauspiel »Der Sturm« (1611). Prospero ist der Drahtzieher hinter den Ereignissen, die in der Komödie aufeinander folgen: Er manipuliert, sperrt ins Gefängnis, bringt Schicksale ins Rollen. Er ist der rechtmäßige Herzog von Mailand, doch sein Bruder Antonio reißt den Titel an sich. Prospero wird mit seiner Tochter Miranda auf einer Mittelmeerinsel ausgesetzt, wo die beiden zwölf Jahre verbringen – zwölf, wie die Zahl der Monate des Jahres. Auf der Insel leben zwei außergewöhnliche Geschöpfe: der wilde Fisch-Mensch Caliban, Sohn der Hexe, die auf der Insel gelebt hat, und der Luftgeist Ariel, den diese Hexe einst in einen Baum sperrte. Der erste wird nach dem Versuch, Miranda zu vergewaltigen, Prosperos Sklave, der andere wird nach der Befreiung aus dem Baum Prosperos treuer Gefährte.

Als sich eines Tage das Schiff mit Prosperos Bruder, dem Usurpator, sowie Alonso, dem König von Neapel, und dessen Sohn Ferdinand der Küste nähert, entfesselt Prospero die Elemente und lässt es stranden. Es folgen Irrungen und Wirrungen. Miranda und Ferdinand verlieben sich, Antonio wird vor der Abreise nach Mailand entlarvt, und Ariel wird endlich wieder ein freier Wind.

Hinter alledem steht der Wille des Magiers. Prospero knüpft ein Netz aus Magie, Theater und dem Schicksal aller Menschen da draußen. Beim Abschied vom Publikum wird er sagen: »So bleibt von ihnen, wenn sie hingeschwunden, / Nicht eine Spur. Wir sind aus gleichem Stoff / Gemacht wie Träume. Unser kurzes Leben / Umgiebt der Schlaf.« Diese unsere Träumerei ist ein Zauber, der Leben über die Zeiten hinweg schweben lässt. Sie sind wie Inseln im Meer, und die Lebenden glauben, sie seien ewig.

WILLIAM BLAKE

~ ~ ~

»Der Baum, der einige zu Tränen rührt, ist in den Augen anderer nur etwas Grünes am Wege. Einige sehen die Natur als etwas völlig Lächerliches und Missgestaltetes ... und andere nehmen sie kaum wahr. In den Augen des Menschen mit Fantasie aber ist die Natur die Fantasie selbst«, schrieb William Blake (1757–1827) in einem Brief. Dieser Dichter, Maler und Visionär verbrachte sein Leben in London in Armut und ohne Anerkennung. Aus seinem Werk spricht ein Geist, der die belebte Welt erforscht und erkennt, dass sie voller Offenbarungen ist. Blake hat ein Auge für das winzig Kleine wie für das umfassende Große. Blake ist der Künstler, der ein Begräbnis von Feen beschreibt, die nur so groß sind wie die Grillen im Garten, und zugleich derjenige, der gegen die Unterdrückung durch die institutionalisierte Religion aufbegehrt.

Seit der Kindheit hatte er Visionen von Engeln und übernatürlichen Wesenheiten. Manche Leute hielten ihn daher für verrückt, andere hingegen für einen Mystiker. Die Grenze ist fließend, denn der Mystiker ist es, der den Kontakt mit dem Göttlichen sucht und sich dafür einem Weg der Initiation aussetzt. Für Blake war dies die Poesie in Versen und Bildern. Vom Göttlichen stammen die entgegengesetzten Kräfte Unschuld und Erfahrung, aber dem Menschen ist auch die Kraft gegeben, über die Zwänge aller Systeme hinaus zu träumen.

In der Legende seines Gemäldes von Newton – für Blake ein schlechtes Beispiel –, das ihn in düsterem Licht über seine Instrumente gebeugt zeigt, schrieb Blake: »Wer das Unendliche in allen Dingen sieht, sieht Gott. Wer nur die Vernunft sieht, sieht nur sich selbst.« Wenn die Wissenschaft die Grenzen eines Universum-Gefängnisses definiert, löst die Kunst sie auf. Es ist der wahre Stein der Weisen, der durch die poetische Vorstellung agiert. Und in dieser Art und Weise gelingt es, wiederum in Blakes Worten, »die ewigen Welten zu öffnen«.

ALEISTER CROWLEY

~ ~ ~

Im Gründungsjahr der Theosophischen Gesellschaft kam auch der streitbare Aleister Crowley (1875–1947) zur Welt. Der skandalfreudige, normverletzende, luziferische Crowley ging aufgrund seines Drogenmissbrauchs, seiner sexuellen Gepflogenheiten – er war erklärtermaßen bisexuell – und wegen des teuflisch inspirierten, selbst ausgesuchten Namens »Das Große Tier 666« als negativer Magier in die Annalen ein. Crowley glaubte im Grunde weder an den Gott der Christen noch an den Teufel: Er bekannte sich zur Macht des Willens, von der die Magie ein Ausdruck war, und rebellierte gegen jegliche Anpassung. Aleister Crowley wurde geboren als Edward Alexander, doch während seiner Jahre an der Universität in Cambridge gab er sich den Namen Aleister, die walisische Version von Alexander und zugleich eine Hommage an das Gedicht des Romantikers Percy Bysshe Shelley »Alastor oder der Geist der Einsamkeit«. Crowley war Mitglied des *Order oft the Golden Dawn* und leitete später die okkultische Organisation *Ordo Templi Orientis (OTO)*. In den 1920er-Jahren schließlich gründete er im sizilianischen Cefalù als seine eigene spirituelle Gemeinschaft die Abtei Thelema – der Name kommt aus dem Griechischen und bedeutet »Willen«. Neben der zeremoniellen Magie für den Kontakt mit übernatürlichen Wesenheiten spielte dort die Sexualmagie eine wichtige Rolle. Er wurde aus diesem Grund auf den Index gesetzt. Die sexuelle Ausschweifung war für Crowley ein ekstatischer Akt, der den Verstand durch körperliche Exzesse über seine engen Grenzen hinauskatapultieren konnte.

Der Magier war in seinen Augen jemand, der es wagte, die Grenzen zwischen rein und unrein, Wahnsinn und Vernunft zu überschreiten und sich mit eben der Kraft einer astralen Macht zu befreien, denn, wie er schrieb, »jeder Mann und jede Frau sind ein Stern«. Er verbrachte seinen Lebensabend in England, bankrott und unter elenden Umständen.

GERALD GARDNER

~ ~ ~

Wenn die Hexenkunst heute in vielen Ländern eine anerkannte Religion ist, so haben wir dies hauptsächlich Gerald Gardner (1884–1964) zu verdanken, der um die Mitte des vergangenen Jahrhunderts die Existenz der Wicca, der Religion der Hexen, offiziell machte. Er stammte aus einer wohlhabenden Familie und verbachte aus gesundheitlichen Gründen einen großen Teil seiner Kindheit in warmen Ländern. Somit erhielt er keine klassische Ausbildung, sondern lernte autodidaktisch und entwickelte als Erwachsener eine Leidenschaft für Anthropologie und Archäologie. In den 1930er-Jahren kehrte er nach England zurück, wandte sich der Hexenkunst zu und zog in die Grafschaft Dorset in die Nähe des Meeres. Hier lernte er den Hexencoven New Forest kennen und wurde wohl von der Priesterin Dafo, bürgerlich Edith Rose Woodford-Grimes, in Mill House initiiert. Dieses Anwesen gehörte Dorothy Clutterbuck, der Alten Dorothy, die hinter ihrer konservativen Erscheinung eine naturverbundene Seele verbarg.

Gardner beschrieb den Coven als eine Gruppe, die von Blutsverwandten gegründet worden war, und machte so den Faktor Erblichkeit der Hexenkunst deutlich. Wenn er auch nicht der Gründer von Wicca war, so war er für die Verbreitung dennoch am wichtigsten. Ihm ist die Einführung des Hexenkalenders zu verdanken. Dieser beruht auf acht Gedenktagen und Jahreszeitenfeiern sowie auf einem Gefüge aus Riten und Anweisungen, die aus diversen Quellen erarbeitet wurden und heute als »Gardner-Wicca« bekannt sind. In magischen Worten: Die Persönlichkeit Gardner beschwört die Figur des *Trickster*, des großen Vortäuschers von Mythen. Ein charmanter Lügner, der sich aus jeder Situation zu retten weiß. Erinnern wir uns daran, dass die Menschheit in vielen Kulturen dank des *Tricksters* das Feuer besitzt – nicht, weil er es erfunden hätte, sondern weil er es mit List von den Göttern gestohlen und in die Welt gebracht hat.

GANDALF

~ ~ ~

Die Figur des Zauberers Gandalf kommt aus Mittelerde, wo sich die Geschehnisse um den Herrn der Ringe und alle anderen Erzählungen von John Ronald Reuel Tolkien zutragen. Er gehört zum Stamm der Zauberer und trägt den Feuerring Narya, einen der drei Ringe der Elfen. Diese drei Ringe wurden nicht vom finsteren Herrn Sauron geschmiedet und sind daher nicht seinem Willen unterworfen.

Die Geschöpfe aus Mittelerde fragen Gandalf um Rat, doch er ist gewiss kein alter Magier, der sich in seinen Turm zurückgezogen hat. Im Gegenteil, er verwendet seinen Zauberstab wie ein Krieger die Waffe, schwingt sich auf das stolze Pferd Schattenfell und ist ein Freund der Adler. Er sieht mit seinem blauen Spitzhut auf den ersten Blick aus wie der Graue Pilger, reist in die verschiedenen Regionen und vergisst auch nicht, die entlegensten Bewohner kennenzulernen, zum Beispiel die Hobbits, die friedlich im Auenland leben und nichts von den Qualen in der Welt wissen. Der Magier weiß, dass auch ein unscheinbares Geschöpf eine verborgene Kraft hat, die sich als rettend erweisen kann.

Gandalf durchläuft eine vollständige Verwandlung und wird der Weiße, nachdem er gegen die Kräfte des Feuers in Gestalt des Dämons Balrog gekämpft hat, in den Abgrund gestürzt und schließlich in neuer Reinheit wiedergeboren ist. In ihm können wir die Züge des Gottes Odin erkennen – Vater der Asen, der skandinavischen Götter –, der oft inkognito und als anonymer Landstreicher unter den Menschen umherzieht.

Die Natur des Magiers ist übermenschlich, aber durch seinen Körper ist er gegen die Versuchungen der Lebenden nicht gefeit. Dieses charakteristische Merkmal ist eine Anspielung auf Christus, der den Menschen erlöst, weil er seine Zerbrechlichkeit erlebt hat.

HILFSMITTEL UND UTENSILIEN

Jeder Magier, jede Hexe mit Selbstachtung hat seine oder ihre Geheimnisse und eigenes imaginäres Gepäck, in dem sie verwahrt sind. Objekte, Bücher, Fundstücke und Erinnerungen, Geschenke und Ererbtes und natürlich das kraftvollste Instrument von allen: sich selbst. In diesem Kapitel beschreiben wir einige der magischen Objekte, die in der Praxis am häufigsten vorkommen, mit historischen Beispielen und Gebrauchsanleitungen.

KÖRPER

∴

Elemente des Körpers von Haaren bis hin zu Fingernägeln und Flüssigkeiten sind häufig für Zauberformeln und Tränke verwendet worden. In der Zeit der Hexenprozesse zeigten die Körper der verurteilten Hexen vermeintlich die Zeichen für den Bund mit dem Satan, die ihnen der Teufel selbst aufgedrückt habe. Heute, mit großem Abstand zu den Dämonisierungen, geht es bei der Körpermagie um die Fürsorge, die dem Körper gelten sollte: Er ist unser höchstes Gut. Bei dem Gleichgewicht, das wir oft anstreben, geht es zu einem guten Teil darum, in Harmonie mit unserer Person als Ganzes zu kommen. Viele der Hexen und Magier sind bei ihrer Tätigkeit am liebsten »in den Himmel gekleidet« – eine Beschreibung, die vom englischen Wort »*skyclad*« herrührt und »nackt« bedeutet. Nacktheit ist für sie die beste Voraussetzung für den Kontakt zur Natur, und ihr Körper ist für sie die Verkörperung der Gottheiten. Auf der Haut, im Fleisch, in den Knochen wird eine Geschichte erzählt, die mit den Jahren reicher wird, auch wenn unsere Bewegungsfähigkeit, die Lebenskraft und eine gewisse Schönheit uns dem zu widersprechen scheinen. In Wirklichkeit ist das nicht so.

Die Kräfte wandeln sich. Sich dies bewusst zu machen bedeutet, die Kraft des Körpers zu verstehen, der keine seiner Manifestationen ablehnt oder nutzlos findet. Der weibliche Körper ist ein Beispiel dafür, denn Transformationen gehen durch ihn hindurch: Er erschafft, kennt die Trennung und die zyklischen Prozesse Geburt, Verfall, Tod. Jedes Alter hat seine eigene Magie, mit der man in Beziehung treten kann: In Kindheit und Jugend besitzt er jene energische und fließende Magie des Bluts, im Erwachsenenalter die fruchtbare Magie des Fleisches, das nährt und Stabilität für unsere Träume erschafft, und das Alter die Magie der Knochen, denn in ihnen ist die Seele und dort kommunizieren die Körper mit den Vorfahren und bereiten sich darauf vor, die letzte Schwelle zu überschreiten.

GEIST

. : .

In der finsteren Epoche der Hexenkunst zwischen Spätmittelalter und Moderne war der Verstand der bevorzugte Ort für die diabolische Illusion. Viele bezweifelten die Wirkmächte der Hexen, niemand aber zweifelte an, dass der Teufel gegen die Christenheit agierte. Die Skeptiker glaubten nicht an den Schadenszauber der Hexen, doch die Manipulation schwacher und beeinflussbarer Geister – oft Frauen und Alte – durch satanische Kräfte hielten sie für real. Die Ursachen von Irrtum und Schuld der Verdächtigten steckten in diesem schwachen Geist, der von teuflischen Täuschungen bezwungen wurde. Böse Geister, die nächtens in die Fantasie eindringen und aus den verdorbenen Körpersäften mit der Dichte seltsamer Dämpfe aufstiegen, konnten auch für Albträume und nächtliche Visionen verantwortlich sein.

Körper und Geist waren durch eine flüssige und durchlässige Beziehung verbunden, die von äußeren Faktoren beeinflusst wurde. Diese nutzen die Zerbrechlichkeit aufgrund von Krankheiten oder körperliche Unpässlichkeiten aus. Von der Vorstellung eines uns konditionierenden Teufels frei, können wir dem Geist die Unabhängigkeit wiedergeben, und aus ihr heraus kommen Konzentration, Traum, Fantasie, Wort und Kommunikation. Von der Konzentration kommt das In-den-Fokus-Nehmen, vom Traum eine ungewöhnliche Sichtweise, die die Ereignisse enthüllt. Aus der Fantasie, welche die Welt neu erschafft, und aus dem Wort stammen die Zauberformel und die Beschwörung, die aus Absichten Wirklichkeiten werden lassen; aus der Kommunikation schließlich entsteht die Begegnung des Sichtbaren mit dem Unsichtbaren. Unser Verstand nährt die Illusionen und zerstreut sie. Er besitzt die doppelte Gabe, uns auf Abwege und auch wieder auf den rechten Weg führen zu können. Vielleicht muss man sich verlaufen, um den Weg, den man gerade verfolgt, wirklich zu verstehen – das Verirren kann dann wie im Märchen den Akt der Magie auslösen.

ZAUBERBUCH

∴

Wer Tagebuch führt, weiß, wie viel Macht sich auf diesen Seiten ballt, auch wenn die Erinnerung verblasst ist und die Gedanken zu anderen Leben zu gehören scheinen. Das Zauberbuch ist dieses Tagebuch und noch mehr. In manchen Sprachen hat es einen vom mittelalterlichen französischen Wort »*gramaire*« abgeleiteten Namen, was so viel wie »Grammatikbuch« heißt. Es ist also ein Buch mit den Grundregeln der okkulten Kunst. Manche Hexen und Magier besitzen nur eines, das im Laufe der Zeit aktualisiert und ergänzt wird, andere sammeln verschiedene, je nach den verschiedenen Arbeitsbereichen. Man notiert in ihnen Zauberformeln, Beschwörungen und Siegelzeichnungen, Anleitungen zur Herstellung von Amuletten und Tränken, natürliche und übernatürliche Geheimnisse, und so hält man in diesem Buch das gesamte überlieferte und das von den einzelnen Personen selbst erworbene Wissen über Magie unter Verschluss. Seit der Antike bis heute ist das Zauberbuch strikt handschriftlich verfasst – eine persönliche Prägung der praktizierenden Person, die den Worten mit der Handschrift Wirksamkeit verleiht.

Unter den bekanntesten und langlebigsten Zauberbüchern begegnen wir dem »*Clavicula Salomonis*«, »Der Schlüssel Salomos«, das tatsächlich dem biblischen König Salomon zugeschrieben wird. Es ist im Nahen Osten erstellt worden und wurde in ganz Europa verbreitet, bis schließlich 1559 die Inquisition verbot, es zu benutzen. Wie jedes kraftvolle Objekt überlebte es dennoch, und kein Jahrhundert später tauchte in Rom die erste gedruckte Ausgabe auf. Die letzte Weiterentwicklung des Zauberbuchs ist »Das Buch der Schatten«, das zunächst von Gerald Gardner erdacht wurde, um die Rituale der Wicca weiterzugeben. Daraus wurde schließlich in den verschiedenen neuheidnischen Traditionen das Ur-Zauberbuch.

ZAUBERSTAB

. : .

Der Zauberstab in den Händen der Hexe ist ein Ast, der gedreht gewachsen ist oder in den geheimnisvolle Zeichen geschnitzt sind. Ein Wanderstab begleitet den Magier und kann bei Bedarf als verzauberte Waffe dienen. Antike Gottheiten und prophetische Persönlichkeiten benutzten Stöcke und Stäbe. In der Bibel im »*Exodus*« hat Moses einen heiligen und vom hebräischen Gott gesegneten Stab, mit dem er die Zauberer des ägyptischen Pharaos besiegt. In der griechischen Mythologie begegnet uns der Stab des Gottes Hermes, der Caduceus, der von zwei Schlangen umwunden ist. Die Zauberin Circe wirkt durch einen Zauberstab, und die Göttin Athene verwandelt damit Odysseus in einen alten Mann.

In den Zauberbüchern des Mittelalters tauchen Zepter, Stäbe, Stöcke als besondere Objekte der Magie auf. Ein Zauberstab kann aus Glas, Metall, Kristallen oder hartem Stein sein oder auch aus Holz — dies ist die verbreitetste Variante. Die Eigenschaften der Bäume fließen dann in ihn ein. Der Zauberstab wird verwendet, um die Intention während des Zauberspruchs zu lenken. Zwischen Person und Zauberstab entsteht eine besondere Verbindung. Es nicht nur wichtig, ihn sorgfältig auszuwählen, sondern, wenn möglich, aus einem Ast zu fertigen, der heruntergefallen ist oder angeschwemmt wurde. Der Zauberstab hat eine Basis und eine Spitze, einen positiven und einen negativen Pol, die je nach Absicht eingesetzt werden können. Kraftvolle Zauberstäbe sind aus Erle, Eiche, Esche, Nussbaum, Birke, Stechpalme, Silber oder Selenit hergestellt. Ein Stab aus Eberesche ist perfekt für Schutz, einer aus Apfelbaum für die Liebe, aus Gold zur Verteidigung und für den Wohlstand, aus Weißdorn für die Kommunikation mit den Feen. Zauberstäbe aus Lavendel und Weide besitzen eine Heilwirkung.

KELCH

· :·

Im Kelch fließt das Wasser des Lebens: Er ist der Kelch des Herzens, des Gefühls, der Intuition. Aus dem Kelch schöpfen wir, um einen innigen Kontakt mit den Dingen zu erreichen, um sie von innen heraus zu verstehen, bevor wir über sie verfügen. Er enthält Wasser, Wein oder andere Getränke, die mit den Ahnen, den Gottheiten, den Gefährten im Ritual, mit den Teilen von uns, mit denen wir in Dialog treten wollen, geteilt werden.

Der Kelch kann das weibliche Prinzip darstellen, das sich mit dem männlichen – verkörpert durch den Zauberstab oder das Messer – vereint. Vor allem aber manifestiert er die Werte Allianz und Versöhnung. Er kann aus vielerlei Material gefertigt sein: Metall, Holz, Ton. Eine Tasse oder ein verziertes Instrument kann als Kelch fungieren, zuweilen wird auch ein Füllhorn verwendet oder eine große Muschel, die die Meeresenergien symbolisiert.

In der christlichen Tradition enthält der Kelch das Blut Jesu, das die Gläubigen spirituell reinigt und schützt. Im berühmtesten Kelch, dem Gral, vereint sich die antike Magie vom Kelch des Lebens mit christlicher Symbolik. Den religiösen Legenden zufolge ist der Gral der Kelch, aus dem Jesus beim Letzten Abendmahl trank und in dem Josef von Arimathäa, der dafür zuständig war, sich nach der Kreuzigung um den Leichnam Jesu zu kümmern, später dessen Blut auffing.

Im Artus-Zyklus taucht er wieder auf: ein geheimnisvoller Kelch, der den König und die Erde heilen kann, die untrennbar miteinander verbunden sind. Aus dem Kelch zu trinken heißt, den Durst an der Quelle des spirituellen Lebens zu stillen, aber er repräsentiert auch einen Akt des Feierns und des Festes. In der Magie wirkt jede Kleinigkeit in der Seele nach, und die Seele nährt sich aus einfachen Gesten.

KESSEL

. : .

Im Kessel rühren die Hexe oder der Magier Tränke an, bereiten Elixiere zu und kochen bisweilen auch Suppen mit vielen Kräutern. Aus dem Kessel kann man schöpfen und ein kraftvolles Gebräu schlürfen. Man kann auch hineinsteigen und zulassen, dass die Magie das Übrige tut und uns dann wie erneuert zurück in die Welt entlässt. Er ist ein Symbol der Fülle, des Wohlstands und vor allem der Wiedergeburt. In den antiken Mythen steigen Helden und Gottheiten mit neuer Lebensenergie aus dem Kessel. Bei den walisischen Kelten finden wir den Kessel der Wiedergeburt Pair Dadeni, den ein Riesenpaar, das aus Irland geflohen war, König Bran zum Geschenk gemacht hat. Die keltische Göttin Ceridwen kocht in ihrem Kessel den Trunk der Weisheit und der poetischen Inspiration. In einem griechischen Mythos mit schamanischen Zügen zerstückeln Titanen den kleinen Dionysos, kochen ihn in einem Kessel und verspeisen ihn. Nur das Herz bleibt übrig, und daraus wird er vollständig in seiner göttlichen Gestalt als Göttervater Zeus neu erschaffen.

Gehen wir vom Mythos zur Archäologie: Der faszinierendste Kessel ist zweifellos der Silberkessel von Gundestrup. Er stammt ungefähr aus dem zweiten Jahrhundert v. Chr. und wurde in einem Moor in der Nähe des gleichnamigen dänischen Dorfes gefunden – geschmiedet wurde er jedoch ganz woanders, vielleicht an der Donau. In seinem wunderschönen Relief sehen wir mehrere Gottheiten keltischen Ursprungs, unter anderem den Pflanzengott Cernunnos mit seinem Hirschgeweih.

Mit einem letzten Sprung knüpfen wir an die slawischen Märchen an, wo die furchterregende Hexe Baba Jaga in einem Kessel fliegend reist! Der Kessel der modernen Hexen der in reduzierter Form häufig auf dem Altar steht, wird hauptsächlich dazu verwendet, Weihrauch oder Kräuter zu verbrennen oder Substanzen zu opfern.

MESSER

. : .

Es gibt unterschiedliche Messer, und Magier und Hexen benutzen sie für verschiedene Zwecke. Das Messer kann ein Utensil zum Kräuterschneiden sein und um Zeichen und Verzierungen in Zauberstäbe, Kerzen oder andere Instrumente zu ritzen. Es kann aber auch ein zeremonieller Dolch sein; viele Hexen unserer Zeit bezeichnen ihr Messer, das einen schwarzen Griff besitzt und dem Mond geweiht ist, als »Athame«. Mit dem Zeremonialdolch werden energetische Ströme gelenkt und entfernt. Gerald Gardner hat das Wort »Athame« zum erstenmal verwendet, es scheint sich aber von ähnlichen Begriffen herzuleiten, die einem im Zauberbuch der Renaissance, dem »Schlüssel Salomos«, begegnen, und alle Bezeichnungen sind mit dem lateinischen Wort *Artavus* für »kleines Messer« verwandt.

Der rituelle Einsatz von Klingen geht bis in die Antike zurück: In den ägyptischen Gräbern fand man Messer, die nicht für die üblichen Schneidevorgänge verwendet wurden. Die Messer aus Knochen, die man in der südfranzösischen Grotte de la Vache, nahe der Grenze zu Spanien fand, legen eine Nutzung zu religiösen Zwecken vor 15 000 Jahren nahe. Pfeilspitzen aus Feuerstein aus prähistorischer Zeit haben im Laufe der Jahrtausende magische Bedeutungen angenommen und wurden zu Dolchen der Feen.

Die Klinge ist ein Symbol für Klarheit und Reinigung. Sie verweist auf das leuchtende Schwert der Weisheit und der Wahrheit Excalibur, das in den Gewässern von der Herrin vom See aus der Artussage gehütet wird. Eine aufschlussreiche Weiterentwicklung der verzauberten Klingen ist die feine Klinge, die das Thema des Bands »Das magische Messer« aus der Buchreihe »*His Dark Materials*« von Philip Pullman ist. Ein Messer wählt sich seinen Träger und hat die Macht, jedwede Oberfläche zu durchschneiden und Übergänge zwischen verschiedenen Welten zu öffnen.

PENTAKEL

. : .

Der Wert unserer Talismane hängt von vielen Faktoren ab: von wem und woher sie stammen, wofür sie stehen, aus welchem Material sie gefertigt sind und wie sie ausgewählt oder gefunden wurden. Im Zauberbauch »Der Schlüssel Salomos« wird für Talisman das Wort »Pentakel« verwendet. Es verweist auf eine Vielfalt an Symbolen, Namen und Buchstaben, die in einen Kreis hineingeschrieben sind. Heutzutage versteht man unter dem Pentakel allgemeiner den fünfzackigen Stern in einem Kreis, der die Kraft der Elemente heraufbeschwört: Erde, Wasser, Feuer, Luft und Äther oder Geist, die im Universum enthalten sind. Das Pentakel kann auf Papier oder Pergament gezeichnet, in Lehm oder Holz geritzt, in einem Amulett aus Metall dargestellt oder aus Kristallen, Kräutern und Stoff zusammengestellt sein. Man kann es auf Kleidung sticken oder nähen, auf dem Altar arrangieren oder an die Wand hängen. In diesem stark schützenden Symbol treten die fünf Reiche miteinander in Kontakt und erinnern uns daran, dass das, was im Außen ist, auch in uns ist. Was sich im Universum bewegt, wirkt mit derselben Intensität im Körper und im Geist von uns allen.

Zieht man einen Vergleich zwischen den Überzeugungen der antiken Medizin und dem Symbol, stellt man fest, dass die Elemente mit den vier Körpersäften in Beziehung stehen, die das psychisch-physische Gleichgewicht des Menschen regulieren, und mit den vier Altersstufen. Die Luft steht in Beziehung mit dem Blut und der Jugend, das Feuer mit gelber Galle und früher Reife, das Wasser mit Schleim und mittlerem Alter und die Erde mit schwarzer Galle und hohem Alter. Der Äther schließlich – oder der universelle Geist – korrespondiert mit der einzelnen Seele. Die nach oben gewandte Spitze des Sterns symbolisiert die aufsteigende und reinigende Reise des Geistes durch die Materie.

HUT

• : •

Eine Hexe oder einen Magier werdet ihr daran erkennen, dass sie ihre Kleidung wählen, wie sie wollen und wie es ihrer Persönlichkeit entspricht. Das kann Jackett und Krawatte sein oder ein Mantel in allen Farben des Regenbogens. Die Kleidung ist ein Ausdruck der eigenen Person: Ob man gegen den Strom schwimmt oder dem Diktat der Mode folgt, ist hier nicht besonders wichtig. Ein Accesoire kommt uns jedoch sofort in den Sinn, wenn wir an die Magie denken, und das ist der spitze Hut. Zur Entstehung dieser merkwürdigen Form gibt es zwei Haupthypothesen. In der ersten heißt es, sie habe sich aus der Kopfbedeckung entwickelt, welche die europäischen Juden im 13. Jahrhundert als Erkennungszeichen tragen mussten. Die Judenfeindlichkeit hat traurige Berühmtheit – im Mittelalter flossen viele der teuflischen Charakteristiken, die man den Juden zuschrieb, in das Stereotyp der Magie ein. Die andere Hypothese führt ein paar Jahrhunderte später nach England, wo wir dem schwarzen, konischen Hut mit breiter Krempe bei den Quäkern begegnen. Diese christliche Bewegung wurde 1652 gegründet. Die Quäker predigten soziale Gleichheit und lehnten Hierarchien ab. Daher überrascht es wohl nicht, dass ihre Ideen oft als ketzerisch galten! Und schließlich entdecken wir diesen spitzen Hut in der Verfilmung von L. Frank Baums »Der Zauberer von Oz« aus dem Jahr 1939, wo die böse Hexe des Westens einen solchen schwarzen Spitzhut trägt. Einem Märchen zufolge setzten sich die alten englischen Hexen den Hut auf den Kopf, um sich an ihren Lieblingsort zu begeben – darunter gutbestückte Keller in Dörfern, die sie ungestört leeren wollten! Ich stelle mir den Hut gern als Ort vor, an dem man einen Zauberstab versteckt, ein müdes Rotkehlchen sich ausruhen lässt oder – ein Nest mit Gelege warmhält.

ALTAR

· ∶ ·

Der Altar ist ein heiliger Raum, der der Meditation gewidmet ist, dem Gebet, den Zauberformeln. Ein Altar kann in jedem Teil des Hauses errichtet werden, auf dem Fußboden, auf einer Kommode, einem Tisch oder einem Bücherregal. Er kann auch draußen im Garten oder im Hof aufgestellt werden.

Man kann mehrere Altäre schaffen, je nach den Bedürfnissen und der Fantasie: Hexen und Magier sind im Allgemeinen sehr tüchtig in dieser Kunst. Es kann eine Einrichtung für eine gewisse Zeit sein oder auch eine dauerhafte, und es gibt unterschiedliche Typen. Es gibt den Jahreszeitenaltar, der entsprechend dem Ritualkalender verändert und mit Früchten aus der Ernte und den jahreszeitlich charakteristischen Zeichen gestaltet wird. Dann gibt es den Altar, der Gottheiten und Geistern gewidmet ist, den Altar für die Vorfahren und unsere Lieben– die Lebenden und die Toten. Dies ist ein Ort, wo die Magie der Erinnerung sehr schützend wirkt.

Auf dem Altar werden die magischen Objekte angeordnet. Die häufigsten sind Kerzen, Zauberstab und Messer, Kelch und Kessel, Pentakel, Bilder und Fotografien, Weihrauch, Steine und Kräuter, Statuetten von Gottheiten – es gibt keine Beschränkungen. Mein Altar steht neben einer kleinen Holzstatue von Baba Jaga, und ich stelle meistens Schächtelchen und Objekte darauf, die ich schon ein Leben lang mit mir trage und die den ganzen Zauber meiner Kindheit besitzen. Und schließlich gibt es noch den tragbaren Altar, der in einer Art Kassette eingerichtet wird. Darin können wir die Symbole der Elemente, etwa einen Stein, ein Stück Weihrauch, Kräuter, Beeren oder eine Muschel und andere kleine besondere Dinge aufbewahren. So können wir den Altar in einer Tasche immer in Reichweite haben.

KERZEN

· ː ·

Kerzen zählen zu den verbreitetsten Ritualgegenständen für Zauberformeln oder Meditation. Sie stehen für das Element des Feuers, und im Allgemeinen nimmt man sie zum Reinigen, zur Verstärkung der Rituale, um das Objekt der magischen Handlung zu beleuchten. Wir können uns Kerzen kaufen oder selbst herstellen, vielleicht aus Bienenwachs oder anderen natürlichen Stoffen, wie Bio-Soja. Wir können ätherische Öle und Duftstoffe hinzugeben und die Kerzen nach Geschmack mit Blumen, Kräutern, Stein- und Kristallstückchen verzieren. In der schwachen Kerzenflamme erinnern wir uns an das Gut des Lichts, das umso kostbarer ist, wenn man versteht, wie empfindlich es ist. Eine Kerze ist Licht, welches das Dunkel nicht vertreibt, sondern erhellt und einen Weg hindurchweist.

Wir sind ständig an der Seite der Schatten, unserer Begleiter, die wir manchmal fürchten und die uns manchmal trösten. In den Schatten lernen wir, das Strahlen zu erkennen, ob groß oder klein. Lassen wir die Kerzen abbrennen, während wir unsere Wünsche formulieren.

Die Farbe der Kerze zeigt den Zielbereich der Zauberformel an oder wird auf die Jahreszeit und die angerufenen Gottheiten abgestimmt. Rote Kerzen stehen für Mut und sexuelle Liebe, grüne für Wohlstand, rosa für die romantische Liebe, blaue für Gesundheit, Kommunikation und Gelassenheit. Gelbe Kerzen stehen für Schutz und Sonnenschein, orangefarbene für Vertrauen in sich selbst, braune für die Arbeit mit Erde, Tieren, Natur. Schwarze Kerzen helfen gegen Negativität und eignen sich für die Arbeit mit dem Schatten, weiße repräsentieren Reinheit, Vision und Wahrheit. Abgestimmt auf die Jahreszeiten hingegen sind die Kerzenfarben für den Frühling weiß, grün, rosa, im Sommer gelb, orange, rot, im Herbst goldfarben, braun, rot und im Winter weiß, silberfarben, tiefblau, dunkelgrün, schwarz.

STEINE UND KRISTALLE

. : .

Steine und Kristalle verkörpern die Eigenschaften der Erde, denn sie kommen aus ihr. Sie »wachsen« in der Erde, Sedimentschicht um Sedimentschicht, und treten dabei in Kontakt mit der Luft oder anderen Elementen. Die meisten können mit fließendem Wasser oder durch Verbrennen von Salbei oder Weihrauch gereinigt werden. Aber Achtung: Zum Beispiel kein Wasser bei Angelit verwenden!

Die Steine und Kristalle können aufgeladen werden, indem man sie ins Licht der Sonne, der Sterne, des aufgehenden oder des vollen Mondes legt. In der Magie werden sie als Hilfsmittel bei der Selbstheilung angewendet, zur Steigerung der Aufmerksamkeit, für die Meditation, als Schutztalismane und schließlich als Erinnerung daran, dass die Seele immer das Bedürfnis hat, ihre Visionen in der berührbaren Realität zu verwurzeln. Steine können ringförmig um Gegenstände für die Wahrsagerei, Karten und Runen angeordnet werden. Das tut man weniger zu reinen Dekozwecken, sondern eher, um die Antworten effektiv in den Fokus zu nehmen.

Ich interagiere am meisten mit den Steinen Obsidian, Selenit, Malachit, Amazonit, Rosenquarz, Tigerauge, Amethyst, Karneol und Serpentin. Obsidian ist mein Lieblingsstein, denn er hilft, sich dem Schatten und dem Negativen zu stellen, Selenit ist gut für den Kontakt mit dem Selbst und die Intuition – ich verwende ihn häufig bei der Tarotdeutung. Malachit eignet sich für den Kontakt mit den Feen, Amazonit für Vertrauen und um etwas zu Ende zu bringen, was ich begonnen habe. Rosenquarz dient dem Gefühlsleben. Ich habe eine Tigeraugenkette, die ich oft trage: Sie erinnert mich an die Verbindung mit den Tieren und an den Mut. Amethyst ist für die Träume, Karneol ein universeller Glücksbringer: Er schenkt Freude. Mithilfe von Serpentin lässt sich das Gleichgewicht im Chaos wiederherstellen.

TAROTKARTEN

∴

Wir suchen über die Kunst der Wahrsagerei einen Kontakt mit der Zeit: mit Gegenwart, Vergangenheit und Zukunft. Wir erhoffen uns dadurch eine Erkenntnis, bezogen auf uns selbst und die Entwicklungen einer bestimmten Situation. Tarotkarten gehören zu den beliebtesten Instrumenten der Wahrsagerei. Ihr Ursprung geht auf die italienische Renaissance zurück, der Einsatz im okkulten und esoterischen Bereich hingegen verbreitete sich in Europa ab dem späten 18. Jahrhundert. Das Deck besteht aus 78 Karten, die sich auf zwei Gruppen verteilen: 22 Große Arkana – dies sind archetypische Figuren, wie der Narr, der Stern und die Welt, welche die mächtigsten Einflüsse auf das Leben widerspiegeln – und 65 Kleine Arkana, die mit den alltäglichen Ereignissen in Verbindung gebracht werden und auf die vier Kartenfarben Stäbe (Feuer und Fantasie), Kelche (Wasser und Gefühl), Schwerter (Luft und geistige Kraft) und Pentakel (Erde und Konkretes) verteilt sind. Es sind Zahlenkarten vom Ass bis zur Zehn und vier Hofkarten: Bube, Ritter, Königin und König.

Mit den Tarotkarten unternehmen wir eine Initiationsreise, oft in Abwandlung der eigentlichen Bezeichnung des allerersten Arkanums, der Null, »Reise des Narren« genannt. Dieser ist als sehr junger Mensch dargestellt, der seinem Schicksal entgegengeht. In seiner kleinen Tasche führt er die magischen Objekte für Potenzial, Hoffnung und Mut mit sich. Der Narr ist charakterisiert durch Leichtsinn, Gefahr und Chaos.

Im Grunde ist kein Arkanum in sich nur positiv oder nur negativ. Beides ist in der Figur der Karte präsent, und Hexe und Magier interpretieren die Botschaft, gestützt auf ihre Intuition und Erfahrung. Zuweilen widersprechen die tiefen Bedeutungen dem ersten Eindruck, deswegen kann man über das Arkanum meditieren und es zum Beispiel ein paar Tage lang auf dem Altar ausgebreitet liegenlassen.

SPIEGEL

∴

Dass Spiegel magisch und bisweilen beunruhigend sind, ist allgemein bekannt: In zahlreichen Traditionen glaubt man, dass sie viel mehr als unsere äußere Erscheinung unsere Seele widerspiegeln und sogar einfangen können. Passiert Narziss nicht genau das, als er sich über das Wasser beugt, sich in sein Spiegelbild verliebt und ertrinkt, als er zu ihm will? In der Seele versteckt sich die Wahrheit, aber die Wahrheit muss man annehmen können. Der Spiegel zeigt Schneewittchens Stiefmutter die Schönheit, aber seine Botschaft wird nicht verstanden. Ich glaube eigentlich, dass er dieser Frau etwas ganz anderes zu verstehen geben und sie dazu bringen wollte, nicht beim äußeren Schein zu verharren. Die Schönheit steckt weniger im Alter als in der Einfachheit des Geistes, der in allen Dingen die Freude sucht.

Alice geht durch einen Spiegel in eine andere Welt, Harry Potter nutzt ihn, um mit seinen toten Eltern zu kommunizieren, die Elbin Galadriel zeigt in ihrer Silberschale die Ereignisse in einer möglichen Zukunft. In China glaubt man, dass Spiegel vor Dämonen schützen, in Indien wird Kleidung mit kleinen Spiegeln geschmückt, die das Licht anziehen. Mongolische Schamanen arbeiten mit dem *Toli*, einem Spiegel aus Kupfer, Messing oder Bronze, um sich vor den bösen Geistern zu schützen oder um die Geister zu beschwören, welche die Schamanen leiten. Die Azteken nutzten schwarze Obsidianspiegel, die im modernen Europa wiederum als wirkungsvoll in der Kommunikation mit der spirituellen Welt galten. Der Spiegel zeigt eine Grenze, die mithilfe der Fantasie überwunden wird. So wird der Kontakt mit einer Wirklichkeit hergestellt, in der unser Doppelgänger selbstständig handelt. Wir blicken nicht in den Spiegel, sondern wir versenken uns in uns selbst, auf der anderen Seite der Schwelle.

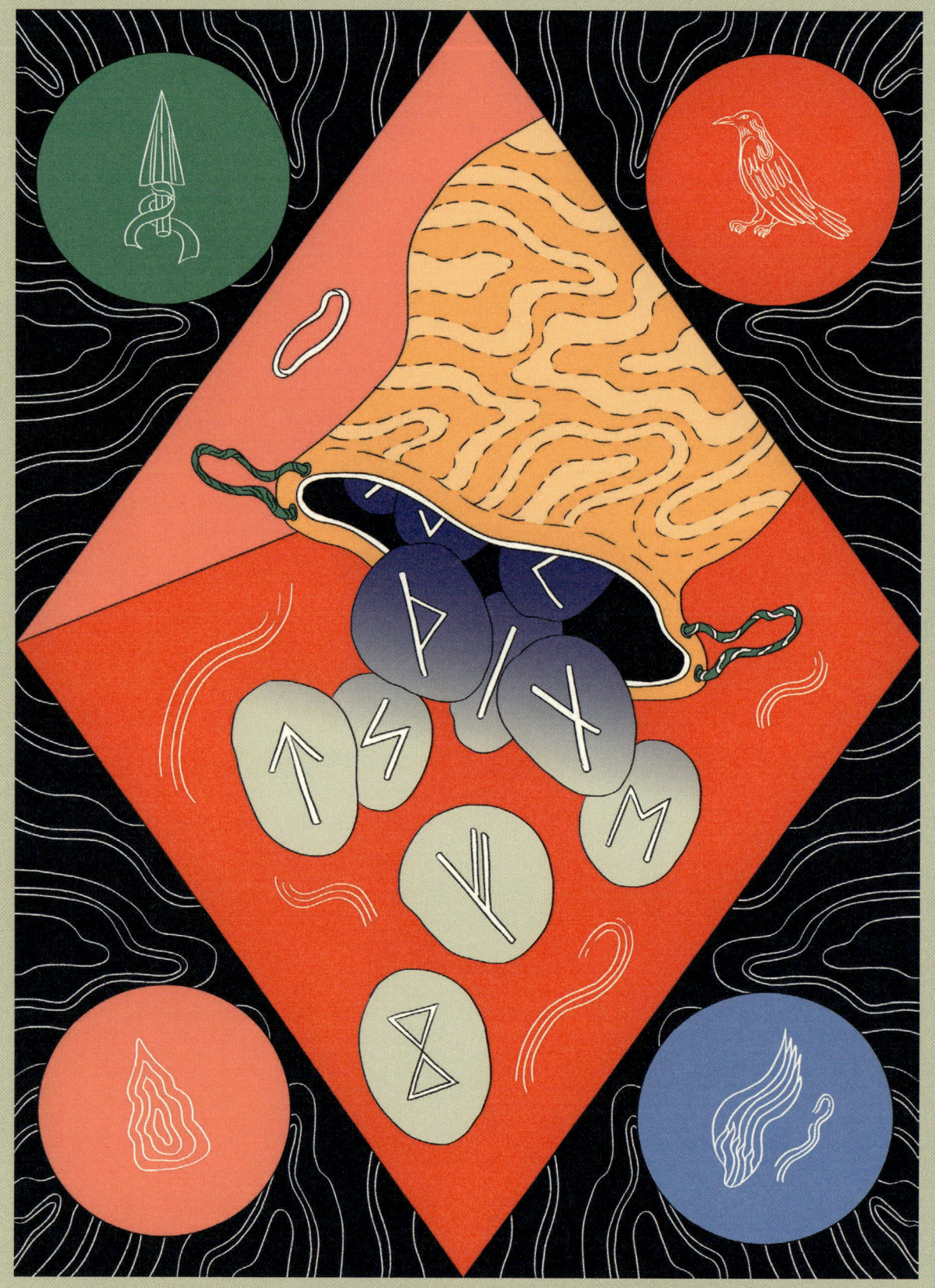

RUNEN

.:.

Alle Alphabete sind magisch: In jedem Buchstaben verstecken sich ein Klang und ein Potenzial. Lass uns eine Übung machen: Wir vergessen, was wir wissen, und betrachten die Buchstaben unseres Alphabets, als seien sie Symbole, und schon sehen wir die Schlange im Buchstaben »S«. Man ändert lediglich die Perspektive, und etwas Alltägliches wird außergewöhnlich.

In der Gemeinschaft der Hexen und Magier ist das germanische Runenalphabet *Futhark* besonders gebräuchlich. Es gibt drei Varianten. Die Älteste stammt aus dem 2. Jahrhundert n. Chr. und besteht aus 24 Buchstaben aus geraden Strichen. Es lässt sich besonders gut in harte Materialien gravieren. Runensteine und Runeninschriften finden sich hauptsächlich in germanischen Gebieten von Skandinavien bis zu den Britischen Inseln und Mitteleuropa.

In den skandinavischen Mythen begegnen wir dem Ursprung und der Verwendung der Runen in der Wahrsagerei. In der Dichtung »*Hávamál*« opfert Odin sich dem kosmischen Baum, der Esche Yggdrasil: Er verletzte sich mit einer Lanze und hing neun Tage lang kopfüber, um die geheime Sprache des Wissens, also die Runen selbst, zu erlernen und zu beherrschen, und letzten Endes manifestierten sie sich. Odins Tat verweist auf etwas sehr Wichtiges: Um die Magie kennenzulernen, muss man warten können, scheitern können, bereit sein, eine niedrige und zuweilen verborgene Arbeit zu verrichten.

Mein Rat für die Arbeit mit den Runen lautet, sie persönlich in ein beliebiges Material zu gravieren oder aufzuzeichnen, damit ein Kontakt mit dem Symbol hergestellt wird. Sie sind dann vielleicht nicht so schön wie die gekauften, die zum Beispiel in harten Stein graviert sind, aber sie werden die Kraft eurer Hände und eures Auges haben.

TIERE

Jemand folgt den Schritten des Magiers oder der Hexe mit dem Blick, lässt sich in ihrem Haus nieder, kennt ihre Bewegungen, verbringt die Tage mit ihm oder ihr. Jemand, mit dem der Zauberkünstler, die -künstlerin eine besondere Sprache entwickelt. Sie sind teuflisch, engelsgleich oder einfach sie selbst. In diesem Kapitel werden einige der häufigsten Tiere vorgestellt, welche die Kunst der Magie hüten.

BIENEN

So klein, so außergewöhnlich: Die Magie der Bienen kommt zunächst einmal von ihrer gesellschaftlichen Struktur und der Rolle, die diese Geschöpfe für das Wohlergehen des Planeten spielen. Bienen leben in einer matriarchalen Gesellschaft, geeint durch einen einzigen Geist, der den Mittelpunkt des Bienenstocks beschützt: die Königin. Sie symbolisieren die Große Mutter, die weibliche Kraft der Neuschöpfung und der Bewahrung, dank der alles miteinander verbunden und niemand unnütz ist.

Jede Biene ist zudem eine erfolgreiche Alchemistin: Sie stellt Gold her. Süßes Gold, das bei den Kelten in vergorenem Zustand zum Met der Götter wurde. Dieses Getränk vereint den Himmel mit der Erde, denn die Insekten verdichten in ihrer unermüdlichen Arbeit das Licht der Sonne zu Honig. Deswegen assoziiert man Bienen mit Reichtum. Ein alter und trauriger englischer Zauberspruch empfahl, drei tote Bienen in einem blauen Täschchen mit sich zu führen, um sich Glück, Geld und Gesundheit zu sichern. Zum Glück wurden sie in letzter Zeit durch kleine Keramikfigürchen ersetzt, die die Bienen darstellen. Vor allem sind diese Tiere Botinnen zwischen den Welten und den Personen. Ihre Ankunft in einem Haus bedeutet fröhliche Besuche. Stirbt hingegen jemand, so teilt man es den Bienen mit, damit alle es schnell erfahren und sich dem letzten Gruß anschließen können.

HUND

Unter den tierischen Gefährten der Hexe trifft man – und das überrascht nicht – mit am häufigsten den Hund an. Seine Treue machte ihn zum idealen Verdächtigen, wenn man ihn in Begleitung einer Persönlichkeit aus der Gemeinschaft antraf, die man der magischen und der teuflischen Künste für fähig hielt. In einigen dänischen Prozessen wird der Teufel selbst als schwarzer Hund dargestellt, zuweilen auf den Hinterbeinen gehend. Die legendären Hexen von Cornwall sandten schwarze geisterhafte Spürhunde auf die Suche nach den Seelen der Ertrunkenen. Wie schwarze Hunde oder Höllenhunde kamen die nächtlichen Gespenster an Kreuzungen in englischen Dörfern, um die Toten ins Jenseits zu geleiten. Noch heute ist ein schwarzer Hund ein Symbol für Depression, Trennung, drastische emotionale Veränderung, und deswegen kann er den Schatten repräsentieren, unseren verborgensten und am schwersten zu bewältigenden Aspekt.

Vielleicht leidet der Hund unter dieser Assoziation mit Traurigkeit und Tod, gerade weil er dem Menschen gegenüber mit seiner bedingungslosen Liebe, die noch nicht einmal bei schlechter Behandlung aufhört, so loyal ist. Er wird somit auch zu einem spirituellen Führer. Er kommt, um den Weg der Heilung aufzuzeigen, der zwangsläufig durch das Schlechte, die Angst und den Schmerz hindurchführen muss. Bis hinter dem Aussehen eines Dämons das Gesicht unseres tierischen Freundes entdeckt wird – des beständigsten Schützers von allen.

ZIEGE

Verloren in der Mythologie meiner Kindheit gibt es eine Anekdote von mir mit einem Zicklein auf einem Weg aus Kopfsteinpflaster in den Bergen. Bestimmte magische Freundschaften beginnen so, zwischen Traum und Erinnerung, und erwachen wieder im Angesicht des Teufels, dargestellt als schwarzer Ziegenbock, der von den Hexen verehrt wird. Die schwarze Ziege erscheint im umgekehrten Pentagramm auf der Stirn des Baphomat, des Dämons der Sexualität, mit dem sie assoziiert ist. Sexuelle Perversion zählte zu den zentralen Themen in den Hexenprozessen: Die Hexen besiegelten ihren Pakt mit Satan und den Teufeln *patto nella carne*, »an ihrem Fleisch«. Sexualität steht aber auch für die Urenergie und die sich neu belebende Energie, die Ekstase.

Bevor die Ziege dem imaginären Teuflischen zugeordnet wurde, machte ihre ekstatische Symbolik sie zu einem Tier, das den Göttern und den übernatürlichen Geschöpfen der Felder, der Hügel und der Wälder lieb ist. Schließen wir die Augen und blicken wir in die Fantasie: Der Faun Pan geht auf Ziegenbeinen und -hufen, er zeigt seine Hörner und spielt auf der Flöte, um die Tiere zu zähmen und die Ziegenhüter zu beschützen. Im Mischwesen von Mensch und Ziege sind beide vereint. Vielleicht ist die Ziege die Kindheit, die wir in uns tragen – eine unbezähmbare Kraft. Sie wirkt zusammen mit den Gerüchen und dem Leben dort draußen, mit Pan, mit allem.

PFERD

Eine Tradition besagt, dass ein Hufeisen mit seiner ausdrucksvollen Form, die einer Mondsichel gleicht, gegen Schadenzauber und den bösen Blick schützt. Schutz ist die bekannteste und verbreitetste magische Eigenschaft der Pferde. Die Hexen wandelten eine Gewohnheit der Feen ab und knüpften in die Mähnen dieser Tiere eine Unmenge Knoten. Dann schwangen sie sich nachts auf ihre Rücken, und auf ging's in wildem Ritt. Es gab aber auch eine Metamorphose des Pferdes: Sie betraf sowohl die Hexe, die nach Belieben das Aussehen eines schwarzen Pferdes annehmen konnte, als auch die Opfer von Schadenzauber. Es heißt, die schwedischen Hexen streiften schlafenden Männern Halfter über und verwandelten sie so in Rösser, die sie dann zu Tode ritten. In der Dunkelheit wird aus dem Pferd etwas Beunruhigendes. Eine alte Hexe kann den Schlaf ihres Opfers beherrschen und es dadurch quälen. So ist es kein Zufall, dass das englische Wort für »Albtraum, »*nightmare*«, wörtlich übersetzt »Stute der Nacht« bedeutet.

Es gibt verzauberte Pferde, denen man sich nicht nähern sollte, beispielsweise das keltische Pferd Kelpie. Es sieht sanft aus, scheut jedoch, wenn jemand aufsitzt, rennt dann wie wahnsinnig umher und wirft den Unglücklichen schließlich ins Wasser, wo er vielleicht sogar ertrinkt. Im griechischen Mythos ziehen Pferde die Wagen des Meeresgottes Poseidon und auch den Himmelswagen des Apollon auf der Tagesfahrt der Sonne. Am Himmel, in den Wellen, in der Nacht: Das Pferd ist frei und unbändig, es ruft Angst und Sehnsucht in uns wach.

WILDSCHWEIN

In einer Artus-Geschichte verliert der Zauberer Merlin den Verstand und beginnt, durch die Wälder zu streifen. Ihn begleiten ein Wolf und ein Wildschwein. In der nordischen Tradition ist Gullinbursti – das Wort bedeutet »der mit den goldenen Borsten« – das vergoldete Wildschwein der Götter, das die Schatten des Winters vertrieb. Sein irdisches Pendant war ein normales Wildschwein. Als Symbol für die sterbende Sonne, die dem neuen Licht ihren Platz überlässt, wurde ein solches zur Dezember-Sonnenwende geopfert. Im Tier kommt das Licht mit ungezähmtem Überschwang und beschwört die Rückkehr von etwas, das lange verborgen war. Das Wildschwein verkörpert Ehre und Kampf, obwohl es kein Raubtier ist, und aus seinen Stoßzähnen wurden spezielle Schutzamulette hergestellt.

Im Hausschwein, seiner domestizierten Form, tritt der Aspekt der Hexerei noch klarer zutage. Der Teufel kann das Aussehen eines schwarzen Schweins annehmen, und über die Schweinemetamorphosen von Hexen kursieren Legenden. Bei den Kelten verspeisen die Toten Schweinefleisch, sobald sie in der anderen Welt angekommen sind, um sich in diese zweite Existenz einzufügen. Siegerin des Magie-Wettbewerbs ist jedoch die Sau, sowohl die Wildschwein- als auch die Hausschweinsau. Die weiße Sau ist ja die tierische Gefährtin der Ceridwen, Zauberin der Zauberinnen, walisische Göttin der Toten und der Wiedergeburt, die in ihrem Kessel Prophezeiung und poetische Inspiration mischt.

RABE

In England muss man einen Raben immer grüßen, wenn man auf der Straße oder im Park an einem vorüberkommt. Alles andere wäre höchst unhöflich! Diese Vorsichtsmaßnahme ist ein Indiz für den mythologischen Ruf dieses Tieres. Er ist ein Unglücksbringer, wird der gesunde Menschenverstand sagen. Gewiss, der Rabe ist mit dem Tod assoziiert, und das fängt schon bei seinen Ernährungsgewohnheiten an. Aber die Verbindung mit dem Tod bedeutet in der Sprache der Magie Weitsicht durch verschiedene Welten, die Fähigkeit, die Gestalt zu verändern, Wissen zu erwerben, dauerhaft die Erinnerung an die Vergangenheit zu bewahren.

Auf der Schulter des skandinavischen Gottes Odin, der Vagabunden, Wahrsager und Magier beschützt, sitzen die Raben Huginn und Muninn – ihre Namen bedeuten »Gedanke« und »Erinnerung« –, die dem Gott alle Geschehnisse berichten. Die keltische Göttin der Schlacht und der Prophezeiung Morrigan kann die Gestalt eines Raben annehmen. Wenn wir zu den amerikanischen Ureinwohnern gehen – viele ihrer Traditionen sind in die Arbeitsweise der modernen Hexen eingeflossen –, so tauchen diese göttlichen Tiere als Betrüger und unzuverlässige Störenfriede auf, die es wagen, für Ungleichgewicht zu sorgen, indem sie unter den Menschen neues Wissen erzeugen. Der Rabe trägt in seinem Federkleid die Farbe der Nacht, des Traumes, der Weisheit der Toten und die Magie der Transformation. Hat man ihn als Verbündeten, kann man sicher durch die Schatten gehen.

ROBBE

Es mag an ihrem melancholischen Blick liegen: Die Robbe besitzt ein verzaubertes Wesen, das den Menschen trifft, es erinnert ihn an etwas von sich selbst. Das gilt insbeondere für die *Selkie*. Geschichten über sie gibt es reichlich an den Küsten Irlands und Schottlands und auf den nördlichen Inseln, wie den Hebriden und den Orkneys. Die *Selkies* sind Geschöpfe, die zwischen der Gestalt der Robbe und der des Menschen wechseln können, indem sie ihre Haut ausziehen. Das ist keine Verwandlung durch Zauber: Die *Selkie* ist beides zugleich.

Es gibt *Selkies* beiderlei Geschlechts, aber die berühmtesten Legenden ranken sich um die weibliche Erscheinung. Sanftmütig, ausgeglichen, in den Augen das ungestüme Heimweh nach dem Meer. Raubt ein Mann ihr die Haut, wird sie seine treue Frau bis zu dem Tag, an dem die zerschlissene Haut zwischen Deckenbalken, aus einer alten Truhe, unter einem Boot in der Werkstatt wieder zum Vorschein kommt. Dann wird sie sie wieder überstreifen und sich mit ihrem Volk vereinen, die Kinder werden ihr folgen, denn sie haben ihre metamorphe Natur geerbt.

Die Magie der *Selkie* und der Robben ist die der Seele, unseres wahren Gewandes. Aus der Tiefe steigt sie auf, aus dem Geheimnis eines jeden Menschen wie aus ozeanischer Ferne, sie lässt uns wieder erstrahlen und schenkt uns die Gestalt, mit der wir die Welt bewohnen.

KATZE

Denkt man an eine Hexe, so sieht man sie in Begleitung einer Katze ihren Aufgaben nachgehen. Verstohlen, unberechenbar, nachtaktiv, intuitiv, Haushüterin, unabhängig und zu tiefer Zuneigung fähig: Die Katze ist eine Beobachterin. Katze und Hexe gehen seit den Zeiten der Götter gemeinsame Wege. Die ägyptische katzenköpfige Göttin Bastet ist die Beschützerin des häuslichen Raumes und der Geburten. Die nordische Göttin der Schönheit und der Fruchtbarkeit, Freya, wird mit der Katze assoziiert, während die Hindugöttin der Geburt namens Shasti auf einer Katze reitet.

Nicht alle Katzen sind vertraute Gefährtinnen, auch wenn alle großartige Begleiterinnen bei Abenteuern sind. Alle Katzen, die mit mir gelebt haben, haben ihren besonderen Pfotenabdruck in meinem Leben hinterlassen. Einige haben sich als Meisterinnen der Magie offenbart und lehrten mich eine Verbindung, die stärker ist als die gemeinsame Sprache. Vor allem aber lehrten sie mich, im Dunkeln zu sehen und die nächtlichen Eigenschaften der Dinge so zu schätzen wie ihre offensichtlicheren.

Teuflische Legenden erzählen, dass die Katzen schlafenden Kindern den Atem aussaugen. Anders betrachtet könnten wir sagen, dass sie die innige Substanz des Atems mit uns teilen, also das Unsichtbare, das uns das Gefühl der Lebendigkeit gibt. Die Magie der Katze ist schließlich die Magie des Hauses, verstanden als spiritueller und physischer Ort: Sie hüten unsere Orte und unsere Seele.

UHU

Uhus, Käuze, Waldkäuze und Schleiereulen sind verkleidete Magier und Hexen und haben den lateinischen Namen mit ihnen gemein: *Strigiformes*. Sie sind auf der ganzen Welt verbreitet, beleben und durchdringen die Nacht und warten auf eine Gelegenheit, die schlafende Beute zu schlagen. Ihre Gesichter ähneln Gespenstern, und sie haben besondere Federn, die einen lautlosen Flug ermöglichen. Von allen Tieren verbindet man sie am stärksten mit den obskuren Aspekten der Magie: Sie stehen für das konstante Leben mit der Dunkelheit, dem Tod und den Ängsten, die dort ihre Zuflucht haben. Im Schrei dieser Vögel wurde oft der Schrei eines bösen Dämons gehört oder ein Omen für ein böses Schicksal.

Im antiken Griechenland hatte die Göttin Athene, die Schutzpatronin des Kriegs und der Weisheit, sich diese Tiere auserwählt. Welche Weisheit kommt von den Eulentieren? Die schwierigste und nachhaltigste. Diese einsamen Jäger helfen, Unabhängigkeit zu entwickeln, die Sinne zu schärfen, in den Träumen und den Wünschen zu verweilen anstatt vor ihnen zu fliehen und die Einsamkeit als Ort wertzuschätzen, an dem man das Wahre entdeckt, wenn die Ängste überwunden sind. Im Film »Labyrinth« verwandelt sich der Koboldkönig Jareth, gespielt von David Bowie, in eine Schleiereule, um zwischen den Welten zu reisen. Wer ein Freund der Eulentiere ist, weiß, dass man sich im Leben gleichzeitig in mehreren, miteinander kommunizierenden Dimensionen bewegt.

HASE

Es heißt, manche Hexen – in Hasengestalt unterwegs – raubten die Milch der Kühe, plünderten die Ernte und begingen andere Übeltaten in den Häusern der Nachbarn. Wachsam erheben sie sich auf den Hinterläufen, wenn ein Schrei sie in Schreckensmomenten alarmiert, und in dieser Haltung könnte der Hase an eine Miniaturausgabe eines Menschen erinnern – irgendein übernatürliches Wesen, das die Aktivitäten der Dorfbewohner ausspionierte, bevor es fortlief in seinen Bau hinein. Die Schottin Isabel Gowdie, der man in den schottischen Highlands 1662 den Prozess machte, berichtete, sie verwandle sich im Namen des Teufels in einen Hasen, um ihre Schadenzauber zu vollbringen, bis es Zeit war, nach Hause zurückzukehren.

Aber die magische Kraft der Hasen und der Kaninchen reduziert sich nicht darauf, dass Hexen sich in diese Tiere verwandeln. Es gibt – laut der chinesischen Mythologie – einen Hasen auf dem Mond, der in seinem kleinen Mörser das Elixier für ein langes Leben anmischt und vom Erdtrabanten aus alle wilden Geschöpfe beschützt. Kaninchen und Hase sind der griechisch-römischen Liebesgöttin Aphrodite oder Venus heilig, wie auch ihrem nordischen Pendant Freya, während die keltische Frühlingsgöttin Ostara sie sich als Wahltiere auserkoren hat. Talismane in Hasen- und Kaninchenform schützen die persönlichen Wandlungen und die Fruchtbarkeit und symbolisieren einen gewissen Mut in Momenten, die ihn erfordern.

WOLF

Grauer Mantel, gelbe Augen: Wir haben eines der am meisten missverstandenen Tiere Europas vor uns, so sehr missverstanden, dass es im Schottland des 18. Jahrhunderts ausgerottet und in vielen Regionen des Kontinents verfolgt wurde. Die Geschichte war nicht gnädig mit dem Wolf: Neben den Hexen der Vergangenheit finden wir nämlich Werwölfe vor, Männer, die beschuldigt werden, dass sie sich in Bestien verwandeln und an Kreuzungen oder in Waldnähe grausige Gemetzel vollführen, und zwar dank eines goldenen Gürtels, den der Teufel ihnen nach dem Abschluss des klassischen Teufelspaktes gegeben hat. Einen Wolf dieser Art trifft Rotkäppchen, als sie den rechten Weg verlässt.

Dennoch reicht es aus, den Blick woandershin zu lenken, um in ihm einen inneren Meister zu erkennen, ein Tier, das immer zum Weg zurückfindet, einen spirituellen Schutz der Medizinmänner und -frauen bei den Indianern. Zudem ist der Wolf eines der mit dem skandinavischen Gott Odin verbundenen Tiere. Er repräsentiert dessen schamanische und geheimnisvolle Aspekte. Der Wolf weiß sich im Rudel zu bewegen, er besitzt einen ausgeprägten Gruppensinn und verteidigt zugleich seine Einsamkeit. Mit gefällt der Gedanke aus einem modernen Märchen der Engländerin Angela Carter, dass jemand, der sich im Wald verläuft, manchmal gar nicht vom Wolf gefressen wird, sondern dem wilden Tier folgt und eine neue Form des Vertrauens lernt.

KUH

Wenn wir durch das Gras spazieren und auf eine Färse treffen, weiß wie der Mond und mit Ohren rot wie Blut, geben wir acht – sie könnte verzaubert sein, vielleicht ist es eine Metamorphose der Göttin Morrigan, der Hüterin der Schlacht und der Beschützerin alter irischer Stämme. Morrigans keltischem Pendant Brigid sowie den weiblichen Schutzgottheiten der Mutterschaft und der Familie aus verschiedenen Traditionen war die Kuh ebenfalls lieb und teuer. Auf dem indischen Subkontinent ist die Kuh das heilige Tier schlechthin. Im Mittelmeer-raum verkörpert ihr männlicher Widerpart, der Stier, die Tageskraft des Sonnengestirns sowie die tellurische und dunkle Kraft, wie in der Legende vom Minotaurus. Dieses kannibalische Mischwesen aus Mensch und Stier war in ein Labyrinth gesperrt, welches das Schicksal symbolisiert.

Die Muttergöttinnen im alten Ägypten hatten oft das Antlitz oder die Hörner einer Kuh, deren Gestalt ähnlich war wie die der Mondsichel. Es geht um Kuh und Stier, Mond und Sonne, Amme und Huf, der den Rhythmus der Tage auf den Boden stampft. Die Kuh war ein Ziel der vermeintlichen Hexen aus der Vergangenheit, und die Kuh auf dem Feld neben einem Hasen zu erblicken, war ein Omen für einen Schadenzauber. Aber es kommt von der Kuh auch Nahrung in Form von Milch und auch von Fleisch. Ihre Sanftmut gemahnt zu Respekt vor dem Leben, vor allem vor demjenigen, das einige von uns verspeisen werden.

KRÖTE

Wir suchen die Hexe, und es erscheint eine Kröte auf der schattigen Schwelle. In meinem Gebirgsdorf habe ich seit der Kindheit viele gesehen! Man nimmt sie mit einem Schauder wahr und mit Furcht, als könnten wir durch einen Kuss von ihnen in Kröten verwandelt werden – oder sie in uns. Sie gesellt sich zum symbolträchtigsten aller Pilze, dem *Amantia muscaria*, dem Fliegenpilz, der auf Englisch aber »toadstool«, »Krötenhocker« heißt. Gemeinsam bescheren sie Halluzinationen und Vergiftungen oder Visionen und Offenbarungen, je nach Perspektive.

In der Volksmedizin treffen wir auf ein unglückliches Schicksal für das kleine Untier im Ritual, das zudem nicht wirksam war. Es war eines der Tiere, die man gern bei Behandlungen einsetzte, die der Übertragung von Krankheiten vom Menschen auf das Tier vorbeugen sollten. Beispiel gefällig? Um häufiges Nasenbluten zu stoppen, musste man eine Kröte durchbohren, in einen Beutel geben und diesen um den Hals tragen. Dazu wiederholte man Zauberworte und die Namen des Christus, der Muttergottes und der Heiligen, bis alles vollständig getrocknet war. Dann traten die Blutungen nicht mehr auf. Weit entfernt von solchen brutalen Handlungen hängt die Magie der Kröten aber von genau diesen Elementen, wie Schlamm und Feuchtigkeit, ab, denn sie garantieren der Erde Fruchtbarkeit. Zum Abschluss eine antike Legende: Es heißt, dass sich im Krötenkopf ein Diamant versteckt. Die Schönheit sieht man durch Liebe und Respekt, noch bevor man sie mit den Augen sieht.

LACHS

Der Lachs tritt nicht unter den klassischen Begleitern von Magier oder Hexe in Erscheinung. Bedenkt man seine Eigenschaften, lohnt es sich dennoch, ihn den magischen Tieren zuzuordnen. Im keltischen Glauben erwirbt ein Lachs, der ruhig im Wasser einer Quelle schwimmt und neun Nüsse des heiligen Baumes bei der Quelle schluckt, das heilige Wissen. Es ist das Wissen dessen, der es wagt, sich gegen den gesunden Menschenverstand zu stellen. Als Wassertier verkörpert er den Fluss, drängt ihn aber in die Gegenrichtung, dem Ursprung entgegen, denn er schwimmt flussaufwärts mit dem Ziel, sich fortzupflanzen, sobald er zu seiner allerersten Behausung zurückgekehrt ist.

Wenden sich eine Hexe oder ein Magier von heute an einen Lachs als Führer, so bereiten sie sich darauf vor, für ihre Ideale zu kämpfen. Sie sind sich bewusst, dass der Wille mit Demut und Beharrlichkeit seinen Weg findet. Flussaufwärts zu schwimmen ist, als kehre man den natürlichen Prozess um: Die Toten sind es, die in Gestalt der Erinnerung, der Inspiration, der Führung zurückkehren. Man erinnert sich an sie, sie werden buchstäblich ins Herz zurückgebracht. Der Lachs gibt uns Anweisungen auf dem Weg zurück, schließt einen Kreis, der vom Zufall begonnen und vom Traum und der Berufung vollendet wurde. Jede Reise ist magisch, denn sie führt zurück nach Hause, zur Geburt, zum Hier. Da ist unser ganzes Leben – eine Haselnuss auf unserer Handfläche.

SCHLANGE

Unter den Vorfahren der Hexen finden wir die Schlangengöttinnen. Eine kleine Statue aus Kreta, die auf die Zeit um 1600 v. Chr. zurückgeht, veranschaulicht sie gut. Die Göttin hat auf dem Kopf eine Katze und zwei der Reptilien in den Händen: Erschaffen und Verfall wechseln sich ab. Den jüdischen Mythen zufolge ist die Schlange, die Eva in Versuchung führt, nichts anderes als eine Metamorphose von Adams erster Frau Lilith. Schlangen sind giftig und dämonisch. Doch ohne die Schlange würde der Mensch im Paradies nicht in die Frucht von Gut und Böse beißen, also das Prinzip des freien Willens nicht annehmen. Die Pythia oder Pythonin im Heiligtum von Delphi bekommt ihren Namen von einer geheimnisvollen Orakelschlange. In manchen Darstellungen wird sie von Apollon besiegt, in anderen dem Gott einfach zur Seite gestellt. Ebenfalls im griechischen Pantheon treten zwei verschlungene Schlangen im Caduceus auf, dem Stab des Hermes, Symbol der Ausgewogenheit. Eine einzelne Schlange, die sich um einen Stab windet, ist hingegen das Emblem des Gottes der Medizin namens Asklepios.

In den französischen Legenden erhält die Wasserfee Melusine einmal pro Woche ihr Aussehen als Mischwesen aus Frau und Schlange oder Frau mit Schlangenleib zurück. Die Verbindung zwischen dem Wasser und diesem Tier manifestiert sich in der Macht, neu erschaffen zu können, die von beiden ausgeht. Wenn das Wasser der Stoff des Lebens ist, so ist die Schlange das Tier des Bewusstseins: Nur wer die Grenzen sterblicher Menschen erlebt, erwirbt das Wissen.

ÜBUNGEN UND ZAUBER

Und nun kommen wir zur Praxis. In diesem Kapitel sind Empfehlungen für die Umsetzung der eigenen Kunst dargestellt. Besondere Aufmerksamkeit gilt den rituellen Zeiten, die in der magischen Gemeinschaft geteilt werden. Wie arbeitet man mit dem Mond oder mit den Träumen, was sollte man im Amulettbeutel mit sich führen, wie wird Magie zum Heilen, für schöpferische Prozesse, zum Teilen genutzt oder einfach dafür, ein Refugium zu finden, in dem sich der Geist in schwierigen Momenten wieder erholt?

DAS JAHRESRAD

~~~

Der Begriff Jahresrad bezeichnet den Jahreszeitenkalender, der in acht Festtage oder Sabbattage unterteilt ist: *Jul* (21. Dezember, Winter-Sonnenwende), *Imbolc* (1. Februar, Lichtfest), *Ostara* (21. März, Frühlings-Tagundnachtgleiche), *Beltane* (1. Mai), *Litha* (21. Juni, Sommer-Sonnenwende), *Lammas* (1. August), *Mabon* (21. September, Herbst-Tagundnachtgleiche), *Samhain* (31. Oktober, Vorabend zu Allerheiligen). Es sind Tage des Übergangs, geprägt vom Rhythmus der Sonne, den Energien der Erde. Die Schwelle zwischen den Welten wird schmaler, und das magische Tun gewinnt Kraft. *Jul* ist die schrittweise Rückkehr des Lichts und ein Moment der zwischenmenschlichen Wärme und des Teilens, *Imbolc* huldigt dem ersten Erwachen der Erde, *Ostara* ist der Frühling, das Gleichgewicht zwischen Dunkelheit und Licht, *Beltane* ist das Feuerfest zur Begrüßung des nunmehr nahen Sommers, *Litha* ist der Triumph des Lichts und eine auserwählte Zeit, um mit den Feen Kontakt aufzunehmen, *Lammas* ist die erste Ernte der Farbe des Getreides auf den Feldern, *Mabon* ist der Überfluss des Herbstes und die Ernte aus den Gärten und *Samhain* beschließt das Jahr mit der Ernte des Fleisches: Man stellt Kerzen auf und öffnet die Fenster ein wenig, damit die Ahnen, die zu Besuch kommen, sich willkommen fühlen. Jede Magie, jedes Ritual gewinnt während der Sabbattage an Wirksamkeit. Wir können uns aber auch der Dekoration des Altars und der Wohnräume, der Zubereitung von Speisen und anderen Gaben widmen.

DER MOND

~~~

Im Mond sehen wir Vollendung und Wiedergeburt des Zyklus des Lebens. Lange vor der Sonne hat der Mond der Arbeit der Bauern den Rhythmus vorgegeben. Auch die Magie kann sich mit den Phasen des Gestirns in Einklang bringen. Der Neumond ist optimal, um Projekte auszuarbeiten und Träume zu befreien, der zunehmende Mond, um Ideen in die Tat umzusetzen und die eigene psychisch-körperliche Verfassung zu verbessern. Der Vollmond ist die kraftvollste Mondphase, in der Wünsche erfüllt werden und alle Zauber an Kraft gewinnen. Bei abnehmendem Mond ziehen wir uns ins Innere zurück und versuchen, Schwierigkeiten zu verarbeiten und Hindernisse zu beseitigen. Der Neumond ist doppeldeutig: Für einige ist er besonders günstig, für andere ist sein Potenzial zu zerstörerisch, und sie müssen folglich innehalten. Jeder Monat hat seinen besonderen Mond, dem wir eine Meditation, ein Gedicht oder eine spezielle Bildcollage – ein *Moonboard* – widmen können.

Dies sind die verbreitetsten Mondnamen, mit denen man arbeiten kann: Wolfsmond (Januar), Schneemond (Februar), Wurmmond (März), Rosa Mond (April), Blumenmond (Mai), Honigmond (Juni), Bockmond (Juli), Störmond (August), Erntemond (September), Jagdmond (Oktober), Bibermond (November), Eichenmond (Dezember).

DIE TRÄUME

~ ~ ~

Viele nutzen Träume als Weg zum Selbst und Zugang zum Unbewussten, wo die Grenzen sich auflösen und wir uns in einer seltsamen Magmamasse aus Orten, Zeiten und Körpern wiederfinden. In manchen Träumen haben wir das Gefühl, wir erhielten eine Botschaft, andere wiederholen sich eindringlich: Wir müssen ein Rätsel lösen oder uns einer Angst stellen. In den Träumen sind Tiere, die an unserer Seite laufen oder in die wir uns verwandeln. Das wichtigste Instrument für die Bearbeitung der Traumwelt ist das Tagebuch, noch besser ist es, wenn es speziell für diesen Zweck gedacht ist. Legt es neben das Bett, damit ihr eure Bilder beim Aufwachen zu Papier bringen könnt – manche Träume neigen dazu, im Chaos des Alltags zu verschwinden. Gewöhnt euch daran, euch an sie zu erinnern. Eine sehr schöne Übung dazu ist das *Dreamboard*, eine Collage, die ihr im Tagebuch zusammenstellen könnt. Wählt dazu Gestalten, Fotos, Geschriebenes aus, das euch hilft, den Traum wiederzugeben und zu enträtseln. Erkenntnisreiches Träumen kann man fördern, indem man vor dem Einschlafen den Geist leert, das Dunkel sucht, einen Raum für die Vision erschafft, der frei von den eigenen Gefühlen ist. Versucht am Tage, die Träume mit den Tarotkarten zu deuten: Sucht unter den aufgedeckten Karten die Bilder der Traumreise heraus. Nehmt höchstens drei bis fünf Karten, und dann notiert ihr eure Eindrücke und die Übereinstimmungen.

ZAUBERBEUTEL HERSTELLEN

~ ~ ~

Der Zauberbeutel hängt am Gürtel des Magiers oder der Hexe. In ihm sind die Zauber verwahrt. Ihr könnt euren Beutel für zwei Zwecke herstellen: als günstig stimmenden und beschützenden Zauber oder als Beutel mit Erinnerungen und persönlicher Kraft. Im ersten Fall nehmt ihr zwei quadratische Stoffstücke in eurer Lieblingsfarbe und ein Stück Band. Näht die beiden Stücke mit Nadel und Faden zusammen und füllt den Beutel mit Kräutern, Kristallen, Beeren, Muscheln, Symbolen für die Elemente, aber auch mit Objekten, die für euch Bedeutung haben: ein Würfel, ein Püppchen, ein Foto. Wenn ihr möchtet, fügt ihr eine geschriebene Botschaft bei, die den Sinn des Beutels beschreibt. Zum Schluss bindet ihr ihn mit dem Band zu. Mit dem Mond könnt ihr ihn aufladen. Wählt dafür die Mondphase, die am besten passt. Der andere Beutel ist ein Objekt, das ihr vielleicht geerbt oder geschenkt bekommen oder euch selbst gekauft habt. Ich habe einen Lederbeutel, den ich besitze, seit ich sieben Jahre alt war. Ich habe Anhänger hineingetan, die ich nicht mehr trage, Ringe, die ich geschenkt bekommen habe, Beeren aus meinen Wäldern. Füllt den Beutel mit verschiedenen Objekten, auch Gaben von Menschen, die ihr gernhabt, sollten darunter sein. Es wird euer Zeitenbeutel werden.

KNOTENMAGIE

~ ~ ~

Bei den Dingen, die historisch in der Magie am wirkungsvollsten sind, begegnen uns die Knoten. Verzauberte Knoten, verhexte Knoten, Knoten aus Wind und aus Garn. Manche Traditionen besagen, es sei ein schlechtes Zeichen, wenn man Federn aus dem eigenen Kissen verknotet vorfindet: Jemand hat dich mit dem bösen Blick bedacht! Wenn Pferdemähnen oder eure Haare sich verknoten, so haben Kobolde in der Nacht damit gespielt! Dann gibt es noch die Magier der Küsten, die den Seeleuten Wind in Knoten verkaufen. Je nach Wunsch binden sie sie auf oder zu. Der Zauber, den ich euch vorschlage, ist sehr beliebt und hat nichts Böses an sich. Es geht darum, eine Hexenleiter herzustellen, einen Talisman, der von eurem Geist durchdrungen ist. Früher verwendete man eine Schnur aus geflochtenen Haaren. Ihr könnt genauso gut eine Schnur oder einen Faden in einer Farbe, die euch gefällt, nehmen. Wählt eine ungerade Anzahl kleiner Gegenstände: Anhänger, Federn, getrocknete Blumen, Muscheln und Steine, je nach eurer Absicht oder nach dem Wesen, dem ihr den Talisman widmen wollt. Befestigt die Gegenstände mit Knoten am Faden, und in den Knoten wird eure Kraft eingeschlossen. Benutzt den Talisman bei eurer magischen Arbeit und als Schutz.

LIEBESMAGIE

~ ~ ~

Sammelt Wacholderbeeren, um jede Art von Liebe zu fördern. In einem Zauber der Hexen von Cornwall wird geraten, man solle 49 Wacholderbeeren mit Knoten dazwischen auf einen grünen Faden aufziehen, im Wechsel mit gleich vielen Knoten. Hängt die Girlande über der Haustür auf, um die Liebe anzuziehen, oder in der Wohnung, um die bestehende Liebe zu stärken. Noch einfacher kann man sechs Wacholderbeeren in einem Beutel mit sich führen, der mit einem grünen Faden zugebunden ist. Warum Wacholder? Dieser Busch ist mit dem Element Feuer verbunden und folglich mit dem Mut der Gefühle. Sein griechische Name »*Arkeuthos*« bedeutet, dass eine Gefahr abgewendet wird. Im Alten Testament findet der Prophet Elia Zuflucht unter seinen Zweigen, als er vor Königin Isebel flieht, und begegnet dort einem Engel. In dem Märchen »Der Wacholderbaum« der Gebrüder Grimm schützt die Pflanze die Liebe zwischen Schwester und Bruder über den Tod hinaus, bis zur Wiedergeburt des von der Stiefmutter getöteten Jungen.

Um der Liebe zu begegnen, könnt ihr folgende Methode ausprobieren: Besorgt euch zwei kleine Herzen aus Rosenquarz, ein Säckchen aus rosafarbenem Stoff, weißes Band und eine rosafarbene Kerze. Ladet die Herzen am Licht der Kerze auf – die Kerze muss dabei vollständig abbrennen. Gebt die Herzen wieder in das Säckchen und bindet es mit dem Band zu. Tragt es immer bei euch.

TAROTKARTEN UND ORAKEL BEFRAGEN

~ ~ ~

Nun kommen ein paar Vorschläge für die Anwendung eures Tarotdecks. Zuerst sucht ihr euch einen physischen oder mentalen Raum, in dem ihr euch konzentrieren könnt, und mischt die Karten. Stellt dabei eure Frage. Denkt daran, dass die Tarotkarten nicht auf Fragen antworten, die mit »Ja« oder »Nein« zu beantworten sind; sie weisen vielmehr einen Weg, dem man folgen soll. Zieht eine Karte, wenn ihr einen schnellen Rat sucht, oder legt drei Karten, die für Vergangenheit, Gegenwart und Zukunft stehen oder für die Situation, das Hindernis und die Entwicklung. Nehmt die Botschaft intuitiv auf. Macht ein Foto von den Karten oder notiert sie euch, damit ihr an den folgenden Tagen weiter darüber nachdenken könnt. Vertraut euren Eindrücken, auch wenn es scheint, als wichen sie von den Handbüchern ab. Baut eine persönliche Beziehung zum Kartendeck auf, und traut euch, die Bilder neu zu interpretieren. Geht für die Orakel genauso vor, ganz gleich, ob es Karten oder Objekte sind. Handelt es sich um Runen, so könnt ihr sie blind aus einem Beutel ziehen – eine oder drei – und nach derselben Methode vorgehen. Ihr könnt auch eine unbestimmte Anzahl aus dem Säckchen ziehen und auf den Tisch werfen. Dann deutet ihr diejenigen, die mit der Oberseite nach oben fallen. Schaut in einer Anleitung nach und hört auf eure eigene Intuition.

KERZENMAGIE

~ ~ ~

Das Licht der Kerze besitzt kraftvolle Magie – es verbreitet Hoffnung. Hier folgen zwei einfache Zauber, die mit diesen Objekten ausführbar sind. Der erste ist allgemeiner Natur und funktioniert für jeden beliebigen Zweck. Wählt eine Kerze in der Farbe, die am besten zu eurem Wunsch passt. Im Kapitel über die Utensilien findet ihr unter dem Punkt »Kerzen« eine kurze Beschreibung der Farbeigenschaften. Haltet die neue Kerze in den Händen und ladet sie so mit euren Intentionen auf. Dann entzündet ihr sie und steckt sie in einen Kerzenhalter. Streichhölzer sind für magische Handlungen immer am besten. Führt die Handflächen dicht an die Flamme – aber verbrennt euch nicht –, und nehmt etwas von ihrer Wärme auf. Dann lasst ihr die Kerze ganz abbrennen. Der andere Kerzenzauber ist nützlich, um sich von den Ängsten entlang des eigenen Wegs zu befreien. Schreibt das Gefühl oder die Situation, die ihr auflösen wollt, auf ein Blatt Papier. Zündet eine schwarze Kerze an, wenn ihr euch endgültig von dem Hindernis befreien wollt, und eine weiße Kerze, wenn ihr in einer schwierigen Situation klar sehen wollt. Konzentriert euch einige Minuten lang auf die Flamme. Verbrennt dann das Blatt in einem feuerfesten Gefäß. Lasst die Kerze ganz herunterbrennen und verstreut die Asche im Freien.

MAGISCHES FÜR TIERE

~ ~ ~

Hexen und Magier haben eine ungeheuer starke Verbindung zu Tieren. Nun bekommst du zwei Zauber, um sowohl die zahmen als auch die scheuen und wildlebenden Gefährten zu schützen. Der erste betrifft die Sorge für die Tiere an unserer Seite. Besorgt euch ein Behältnis mit Deckel und füllt es mit Futter für das betreffende Tier – Trockenfutter oder Körner. In einem ruhigen Moment des Tages begebt ihr euch an den Ort, an dem das Tier seine Zeit verbringt. Das kann der Garten, ein Käfig oder ein Zimmer sein. Spielt auf dem Behälter, als wäre es ein Musikinstrument, und wiederholt dabei mit tiefer Stimme viermal – vier wie die Wände eines heimeligen Hauses – den Namen des Tieres und fügt hinzu: »Du mögest beschützt, guten Mutes und gesund sein.«

Mit dem anderen Zauber wollen wir verhindern, dass die Haustiere sich verlaufen oder weggebracht werden. Nehmt drei Haare oder drei Federn von eurem Tier und bindet sie mit einem roten Faden zusammen, und zwar mit neun Knoten. Dabei wiederholt ihr den Namen des Tieres, gefolgt von den Worten: »Kehre immer zu mir zurück.« Steckt alles in einen Beutel aus rotem Stoff und hängt diesen irgendwo außerhalb des Hauses auf, an einem der Plätze, die das Tier aufsucht.

KRÄUTERMAGIE

~ ~ ~

Eine Tasse Kräutertee zu trinken, ist eine alltägliche Handlung, die sich als etwas zutiefst Magisches offenbaren kann. Jede Pflanze hat spezielle Eigenschaften, die auf Geist und Körper einwirken. Ihr könntet eure Kräuter sammeln, aber auch in einem Kräuterladen kaufen. Ich empfehle euch, probiert doch einmal, etwas in eurem Garten oder in einem Topf selbst zu ziehen oder die üblichen Pflanzen sammeln zu gehen: Ihr werdet etwas lernen und eure Magie wird gestärkt daraus hervorgehen.

Trocknet die Kräuter und mischt sie miteinander oder mit losem Tee. Dann bereitet ihr einen Trank zu, also einen Aufguss. Hier ein paar Beispiele für die Wirkung der Kräuter: Minze regeneriert den Geist und schenkt Begeisterung. Die Löwenzahnwurzel eignet sich perfekt für die Magie der Träume. Orangenschale zieht materielles Vermögen an. Ingwer ist gut für das Selbstvertrauen und den Mut zu neuen Erfahrungen. Die Brennnessel reinigt Blut und Geist und wehrt Gefahren und unangenehme Gefühle ab, so wie sie diejenigen sticht und reizt, die sie ungeschickt pflücken. Die Beifußpflanze ist die Königin der Verzauberungen. Sie zieht Visionen an und hilft dadurch beim Wahrsagen, außerdem fördert sie die psychischen Fähigkeiten. Die Blüten des Weißdorns, eines verzauberten Baums, fördern die Liebe.

STERNENMAGIE

~ ~ ~

Für die magische Arbeit mit den Sternen braucht es oft nur den Blick zum nächtlichen Himmel. Es genügt, einen Wunsch zum Ausdruck zu bringen, während ein Stern vorüberzieht oder eine Sternschnuppe fällt. Sich auf einer Wiese ausstrecken und ins Firmament blicken, bis das, was uns schmerzt oder uns Sorgen bereitet, ganz leicht wird – so leicht wie Luft – und fortfliegt zu den Sternen, sich in ihrem Licht aus Urzeiten verlierend.

Einigen Mythen zufolge sind die Sterne nichts weiter als Löcher im Himmelszelt, durch die das Licht anderer Welten fällt. Nach dem Tod wandert unser Geist auf dem Weg der Sterne oder geht durch diese Löcher und stößt wieder zu den Ahnen. Dieses zeitlose Licht ist es, was wir in unserem Zauber suchen. Ich schlage euch zwei Methoden vor, um die Sterne mit euch zu führen. Für die erste braucht ihr ein Silberglöckchen. Hängt es in der Sternennacht hinaus zum Reinigen. Dann bindet ihr es an den Knöchel, ans Handgelenk, tragt es als Kettenanhänger um den Hals oder steckt es wieder in einen weißen Beutel. Sein Klang wird das Wort der Sterne sein und ist immer bei euch. Für die andere Methode braucht ihr ein Schälchen mit Wasser. Stellt es in einer sternklaren Nacht hinaus. Am Morgen wascht ihr euer Gesicht mit dem Sternenwasser, damit es eure Seele klärt und euch neues Vertrauen schenkt.

GLÜCKSMAGIE

~~~

Glückbringende Talismane, die man immer dabeihat: ein vierblättriges Kleeblatt, ein Aventurinquarz oder auch eine Münze mit geringem Wert, wie unser Centstück, denn das Glück versteckt sich in bescheidenen Formen. Wenn ihr hingegen etwas Raffinierteres wollt, so sind hier zwei Zauber. Für den ersten braucht ihr einen Faden, und an diesem Faden befestigt ihr viele kleine Glöckchen. Die hängt ihr bei zunehmendem Mond hinaus. Wenn der Mond voll ist, arrangiert ihr die Girlande an dem Platz im Haus, an dem ihr euch am meisten aufhaltet. Mit ihrem leisen Klingeln rufen die Glöckchen das Glück. Für den zweiten Zauber besorgt ihr euch eine grüne und eine schwarze Kerze. Die schwarze Kerze steht für das Unglück, die grüne für das

Glück. Macht einen Knoten in eine Schnur und entzündet die schwarze Kerze. Haltet den Knoten in die Flamme, bis er verbrannt ist und sich löst. Sprecht dabei: »So zerschlage ich mein Unglück!« An diesem Punkt pustet ihr über die Kerze und löscht sie. Entzündet die grüne Kerze und streut ein wenig Salz über sie. Ihr könnt einen Gegenstand von euch in ihr Licht halten, den ihr anschließend tragt – ein Armband oder einen Anhänger zum Beispiel. Sprecht: »So erstrahle mein Glück!« Lasst die Kerze ganz abbrennen.

HEILMAGIE

~ ~ ~

Jeder Zauber heilt, indem er in andere innere Welten und andere Welten da draußen führt. Ich habe jedoch an die Momente großer Traurigkeit gedacht, in denen wir, abgesehen von eventueller medizinischer oder psychologischer Hilfe, etwas zur Selbsthilfe tun können, zum Beispiel ins Tagebuch schreiben und unseren Gefühlen Ausdruck verleihen, Wort für Wort oder mithilfe eines Instruments, etwa eines Tamburins – das heutzutage von vielen Hexen eingesetzt wird. Spielt darauf und versucht, euren Rhythmus zu finden. Ihr könnt auch mit einem Halbedelstein arbeiten, der euch entspricht, sowie mit einer blauen oder weißen Kerze und etwas Salz. Gebt den Stein für einige Minuten in eine Tasse Salz. Das Salz erinnert an die Erde, aus der alles kommt. Entzündet die Kerze. Nehmt den Stein wieder heraus und führt ihn über die Flamme hinweg, damit er deren Energie aufnimmt: Die Flamme ist der Schmerz, der wehtut und zugleich reinigt. Legt den Stein wieder auf das Salz und setzt ihn dem Kerzenlicht aus, indem ihr die Kerze davor positioniert bis diese ganz heruntergebrannt ist. Lasst den Stein im Salz – er gibt so der Erde den Schmerz zurück. Lasst ihn dort, solange ihr wollt. Dann nehmt ihr ihn an euch oder legt ihn an einen geheimen Ort. Vergesst die Traurigkeit nicht, sie ist ein Teil von euch. Aber sie kann sich nicht eure Seele nehmen.

MIT GEISTERN UND FEEN KOMMUNIZIEREN

~ ~ ~

Vielleicht möchtet ihr euch bei eurer Magie mit bestimmten Geistern in Verbindung setzen. Hier folgen einige Anweisungen, wie man sich ihnen nähert. Falls es sich um Ahnen und Geister der Verstorbenen handelt, könnt ihr mit einem Foto arbeiten. Bildet einen Kreis aus sieben weißen Kerzen und legt das Foto in die Mitte. Stellt für diejenigen, die erst kürzlich gegangen sind, eine Tasse Wasser neben das Foto. Der Geist ist in der ersten Phase seiner Reise durstig. Flüstert ihm gute Worte zu.

Wollt ihr euch hingegen den Bewohnerinnen und Bewohnern der Schwelle schlechthin nähern, also Feen und Kobolden, so passt gut auf, was ich euch sagen werde, denn sie sind unberechenbar. Wendet euch niemals direkt an sie! Verwendet Namen wie Gutes Volk, Moosbewohner oder Meeresbewohner. Seid höflich. Die besten Zeiten für eine Kontaktaufnahme sind die Morgen- und die Abenddämmerung und Aufgang und Untergang der Venus am Himmel. Denkt daran, dass ihr dem Guten Volk überall begegnen könnt: auf dem Dachboden, im Wald, hinter einem alten Schuppen. Hinterlasst ihnen zu den angegebenen Stunden und immer an demselben Platz Gaben, wie Milch, Honig oder Gemüsesuppe. Vielleicht werdet ihr sie nie zu Gesicht bekommen. Aber sie wissen alles über euch.

GEBETE AN DIE BÄUME

~ ~ ~

Sie sind die Wächter über das Leben – jahrhundertealte, manchmal jahrtausendealte Weise. Sie hüten den Atem des Planeten. Sie haben etwas Menschliches, wenn sie ihre Arme zum Himmel hin öffnen.

Wir wollen niemals müde werden, den Bäumen zu danken und Gebete und Segen an sie zu richten. Hier nun ein paar Ideen für die Arbeit mit den Bäumen: Macht vor allem eines – betrachtet sie. Geht an einen Ort, wo sie wachsen, wählt einen aus und konzentriert euch auf ihn. Lasst ihn euer Lehrer sein. Beobachtet ihn, prägt euch seine Gestalt ein, erfühlt die Bewegungen in seinem Inneren. Der Baum wird euch Frieden bringen oder lange unterdrückte Gefühle wecken. Dann sucht ihr direkten Kontakt: Umarmt die Bäume, spürt den Saft unter der Rinde wie das Wasser in eurem Körper. Spürt, dass ihr in dieser Welt nicht allein seid, dass wir nicht allein sind.

Eine traditionelle Form der Magie schließlich ist mit den Bäumen verbunden und insbesondere auf den Britischen Inseln verbreitet. Farbige Stoffbänder wurden und werden als Gebete und Wünsche – oft mit Bezug zur Fruchtbarkeit, zur Kreativität und zu Problemen mit der körperlichen oder geistigen Gesundheit – an die Zweige bestimmter Pflanzen gebunden. Bindet ein menschengemachtes Objekt an den Baum, damit die beiden Kräfte anfangen, miteinander zu kommunizieren. Wohin ihr auch immer geht, der Baum wird sicher bestehen bleiben und das Gebet mit ihm.

~ ~ ~

BIBLIOGRAFIE

Die Lektürevorschläge sind nicht sehr umfangreich und eher als Kompass gedacht, um sich im Universum der Publikationen zum Thema Magie zu orientieren. Unter ihnen finden sich historische Ausgaben, rituelle Texte und zeitgenössische Übersetzungen sowie natürlich zeitlose Mythen und Erzählungen.

Zur Geschichte von Hexenkunst und Magie:

Apps, Lara und Gow, Andrew, »Male Witches in Early Modern Europe«, Manchester University Press, Manchester und New York 2003.

Davies, Owen, »Popular Magic: Cunning-folk in English History«, Hambledon Continuum, London 2003.

Ginzburg, Carlo, »I benandanti. Stregoneria e culti agrari tra Cinquecento e Seicento«, Einaudi, Turin 2002.

Howe, Ellic, »The Magicians of the Golden Dawn«, Samuel Weiser, York Beach 1984.

Hutton, Ronald, »The Triumph of the Moon: A History of Modern Pagan Witchcraft«, Oxford University Press, Oxford 1999.

Hutton, Ronald, »The Witch. A History of Fear, from Ancient Times to the Present, Yale University Press«, Yale 2017.

Introvigne, Massimo, »Il cappello del mago«, Sugarco, Mailand 1990.

Matteoni, Francesca, »Il famiglio della strega. Sangue e stregoneria nell'Inghilterra moderna«, Aras, Fano 2014.

Messana, Maria Sofia, »Inquisitori, negromanti e streghe nella Sicilia moderna (1500–1782)«, Sellerio, Palermo 2007.

Pereira, Michela, »Arcana sapienza. Storia dell'alchimia occidentale dalle origini a Jung«, Carocci, Rom 2019.

Zur zeitgenössischen Magie und ihren Anwendungsmethoden:

Buckland, Raymond, »Il libro delle streghe. Un moderno Libro delle Ombre per la pratica della stregoneria«, Armenia, Mailand 2017.

Cabot, Laurie, »La strega in ogni donna. Il risveglio della natura magica femminile«, Venexia, Rom 2016.

Cunningham, Scott, »La magia degli elementi. Acqua, terra, aria, fuoco«, Armenia, Mailand 2005.

Gary, Gemma, »Traditional Witchcraft: A Cornish Book of Ways«, Troy Books, London 2008.

Mooney, Thorn, »Wicca tradizionale«, Armenia, Mailand 2019.

Starhawk, »Der Hexenkult als Ur-Religion der Großen Göttin. Magische Rituale, Übungen und Anrufungen«, Goldmann, München 1999.

Valiente, Doreen, »Magia Naturale«, Brigantia Editrice, Palermo 2014.

Zu Geschichten, Mythen und Folklore:

Afanas'ev, Aleksandr N., »Russische Volksmärchen«, Fischer, Frankfurt a. M. 2013.

Anderson, Sophie, »La casa che mi porta via«, Rizzoli, Mailand 2019.

Bates, Brian, »The Way of Wyrd«, Hay House, London 2013.

Blake, William, »Zwischen Feuer und Feuer. Poetische Werke«, dtv, München 2013.

Carter, Angela, »Nell'antro dell'alchimista«, Fazi, Rom 2019.

De Boron, Robert, »Die Geschichte des heilgen Gral«, Verlag am Goetheanum, Dornach 1998.

Gaiman, Neil, »Nordische Mythen und Sagen«, Eichborn, Köln 2019.

Malory, Thomas, »König Arthur und die Ritter der Tafelrunde«, Anaconda, München 2021.

Shakespeare, William, »Der Sturm«, online unter www.projekt-gutenberg.org

White, Terence Hanbury, »Das Schwert im Stein«, dtv, München 1990.

Yeats, William Butler, »Il crepuscolo celtico«, SE, Mailand 2015.

Zimmer Bradley, Marion, »Die Nebel von Avalon«, Fischer, Frankfurt a. M. 1987.

FRANCESCA MATTEONI

✻ ✻ ✻

Francesca Matteoni ist Dichterin, Autorin und Historikerin. Sie hat als Forscherin in England gearbeitet und sich auf die Themen »Hexenprozesse«, »Himmelskörpermagie« und »Volksmedizin« in der Epoche der Moderne konzentriert. Sie gibt Workshops für Tarot und kreatives Schreiben und unterrichtet Religionsgeschichte und Geschichte der Magie an der Universitá americane di Firenze (Amerikanische Universität Florenz). Zuletzt erschienen von ihr das Buch »*Dal Matto al Mondo. Viaggio poetico nei tarocchi*« (Vom Narr zur Welt. Eine poetische Reise durch das Tarot, 2019) und der poetische Text »*Libro di Hor*« (Das Buch von Hor, 2019) mit Illustrationen von Ginevra Ballati, ein Beitrag im Sammelband »*La scommessa psichedelica*« (Das psychedelische Glücksspiel, 2020), herausgegeben von Federico Di Vita, sowie der Gedichtband »*Ciò che il mondo separa*« (Was die Welt trennt, 2021).

ELISA MACELLARI

✻ ✻ ✻

Die italienisch-thailändische Illustratorin Elisa Macellari ist seit 2012 für Verlage und Zeitschriften in Italien und anderen Ländern tätig. Zuletzt erschienen von ihr bei BAO Publishing der Comic »*Papaya Salad*« (Papayasalat, 2018) und bei Centauria Libri die illustrierte Biografie »*Kusama, ossessioni, amori e arte*« (Kusama, Obsessionen, Liebschaften und die Kunst, 2020). 2017 hat sie im Wettbewerb des italienischen Illustratorenverbands *Associazione Autori di immagini* in der Kategorie Verlagswesen die Goldmedaille und 2019 in der Kategorie Comic die Silbermedaille gewonnen. Ihre Arbeiten wurden in Italien und anderen Ländern in Ausstellungen gezeigt.